米・中・日による新世界通貨『PEACE』を生み出す

パシフィック
オーシャンの
『触媒国家』！

新憲法世代による日本の国の形とソフトパワー国防論！

新世界通貨『PEACE』を生み出す触媒国家論

BY PROFESSOR INNERMORELAND

APPENDIX

An English Translation of Preface,
Short Summary of Each Chapter and Post Script
to Help Promote Exchange of Opinions
between Japanese and Foreign Bilinguals.

日本橋出版

目次

まえがき:1

世界平和の礎石はパーマネントマンメイドマネー！

　時代を問わず、洋の東西を問わず、美しく、希少で、化学変化することなく、模造品を造ろうという人間の野望をことごとく拒んで来たゴールドは、人類によって富の象徴として崇められ、何時でも、何処でも通用するマネーとして用いられて来ました。

　フランスの有名な画家ミレーが生まれたのは 1814 年、その 2 年後の 1816 年に英国で金本位制度が生まれ、1760 年代に英国ではじまった産業革命が進行する中、ゴールドは、ヨーロッパ各国をはじめ明治維新で開国したばかりの日本をも巻き込みながら、世界経済に君臨して来ました。

　19 世紀以降の科学技術の進歩によって人々の生活が豊かになり、私たちはものを買ったり旅行したりする時にマネーをどんどん使うようになりましたが、ゴールドがマネーであった時代にはマネーは簡単に増えませんでした。ものがこんなに増えているにもかかわらずマネーが増えなければ、ものの値段が下がります。デフレになります。戦争の火種が生まれます。

　ナイロンや『テトロン』など世界のマンメイドファイバーの生産ははじめて統計が発表されてから 33 年の間に 1,500 倍に増えました。その成長率は年率 24.3 ％、3～4 年ごとの倍々ゲームが 33 年間も続きました。

　筆者は日本の合成繊維産業のリーディングカンパニーに勤めるインダストリアルエコノミストとして、「ものがマンメイドになってこんなに増えているのだからマネーもマンメイドにならなければならないのではないか。マンメイドマネーとは紙幣のことですが、人類の歴史は、第 1 次世界大戦後のドイツマルクがそうであったように、紙幣をことごとく紙屑にして来ている。紙幣が紙屑になれば人々の生活が行き詰まり、奪い合いがはじまり、やがて戦争になる。どうしたら紙屑にならないマンメイドマネーを生み出せるのか」、筆者はこの年になるまでディレンマに陥っていましたが、トランプ大統領のツイッターを読み解く中で、『アメリカ・チャイナ・ジャパンパシフィックオーシャン条約』によって担保され

た『PEACE という名前のパーマネントマンメイドマネー』を創出することによってディレンマから抜け出せる可能性を直感し、このエッセイを取りまとめました。

　この条約によって、宇宙船地球号のためのパシフィックオーシャン銀行、および、外交と文化・経済交流を主戦力とし、武力をバックアップ戦力とするソフトウエアによる日本の防衛という人類史上全く新しい 2 つの国際的枠組みが生まれます。

　『ピース』と呼称される紙屑にならないパーマネントマンメイドマネーは「20 世紀前半の世界大戦の根源は金本位制度！」、「第 2 次世界大戦後の世界平和の基礎はマンメイドマネー！」という考察から生まれた筆者の結論です。

　21 世紀の日本の進路は、『アメリカ・チャイナ・ジャパンパシフィックオーシャン条約』の中で、白金（Pt）が水素（H_2）と酸素（O）の反応を促して効率よく水（H_2O）を生成するというケミストリーに倣って、『平和の海』の両岸に位置するアメリカと中国が WIN-WIN のスマートなビジネスパートナーとなって宇宙船地球号に生きる人々を争いから解放し、平和な日々を生きるだけの GDP（WEALTH）を創造する中で、自ら変容することなく、かつ、消耗することなく触媒の役割を果たして行くのが 21 世紀の日本の国の形であり、日本の進路であります。

　全能の神よ！ 冷戦という名の第3次世界大戦の最終局面を自転しているプラネットアースのコックピットで操縦桿を握っているアメリカ合衆国大統領ドナルドトランプに、平和の礎である新世界通貨『PEACE』を生み出すひらめきを与え給え！ 　私、Professor Innermoreland に、第 2 次世界大戦を生き延び、1947 年憲法の下、文字を持たなかった古の時より今日まであらゆるチャレンジに受容という天与の才覚を生かしてレスポンドし、21 世紀の世界平和のために自ら変容を遂げて生きようと決意している国からトランプ再選の 1 票を投じることを許し給え！ 　ドナルドトランプは『ユニーク デンジャー』では決してなく、ロナルドレーガンに次ぐ宇宙船地球号のために働いている『思慮深い、使命感に燃えた信頼できる大統領』であります。

　これは新憲法世代のトップランナーを生きる筆者の宇宙船地球号のための祈りです。平和を願う筆者の処方箋です。ご一読いただければ幸いです。

2020 年 1 月 Professor Innermoreland リバーテラスの田園都市上野原にて

まえがき:2

コロナパンデミックは冷戦という第3次　世界大戦の最終局面に現れた新世界の夜明け!

　2020年1月に筆者が本稿を書き終えた時、トランプ大統領のツイッターにはダヴォス会議と米中貿易協定の調印の成果とニューヨーク株式相場の高値更新が書き込まれていました。

　そんな中で、1月25日に、中国で発生したウイルスに対する封じ込めの努力と透明性を評価するツイートが現れました。新憲法世代のトップランナーを生きて来た筆者にとって、戦後日本の復興と繁栄を導いてくれたアメリカのグッドウイルが今もアメリカに息づいていることが読み取れるツイートでした。

　その後事態は一挙に暗転し、世界はコロナウイルスパンデミックに巻き込まれ、2020年5月18日には、本書の第7部（補遺）に全文とその訳を掲出した4ページにわたるWHO事務局長宛のトランプ大統領書簡がツイッターに掲載されました。

　事態がどのように展開するか全く予断はできませんが、筆者は、トランプ大統領が登場した宇宙船地球号の現状を『冷戦という名の第3次世界大戦の最終局面』と捉えた上、コロナウイルスパンデミックが中国から全世界に拡散した只今現在の状況を『冷戦という第3次世界大戦の最終局面に現れた新世界の夜明け』と位置付けています。

　右の図は、縦軸に政治体制を、横軸に経済体制を、中心にすべてがナチュラルであった時代の象徴として金本位制を配して筆者が作成した『世界平和の礎石はマンメイドマネー』という基本コンセプトを着想するに至った18世紀以降の世界の政治と経済の鳥瞰図です。

　第Ⅰ象限は民主主義と自由市場経

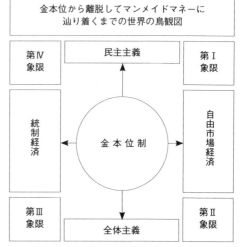

金本位から離脱してマンメイドマネーに
辿り着くまでの世界の鳥観図

第Ⅳ象限	民主主義	第Ⅰ象限
統制経済	金本位制	自由市場経済
第Ⅲ象限	全体主義	第Ⅱ象限

済体制のアメリカ、イギリスと今日の日本が位置します。ソビエト社会主義連邦共和国は1917年に第Ⅲ象限で生まれましたが、1991年にロシアに先祖返りし、現在プーチン大統領の下で世界第3位の産油国として第Ⅰ象限に存在し、ドイツがパイプラインによって天然ガスをロシアから輸入し、ライフラインを依存しています。そして、1949年に第Ⅲ象限に姿を現した中華人民共和国は1978年にアメリカと国交を樹立し、翌年中ソ条約を破棄した後、1980年代に鄧小平国務院副総理の指導の下、財産の私有と利潤動機を認めて第Ⅱ象限に移行し、現在、アメリカに次ぐ第2の経済大国になっています。

　筆者はかつてのナチスドイツは第Ⅱ象限に現れたと理解しているのですが、第Ⅱ象限に移行し、アメリカに次ぐ第2の経済大国となった中国は、トランプ大統領による関税政策の効果が現れる中、やがて第Ⅱ象限から第Ⅰ象限に移行せざるを得ない局面を迎えると考えています。自由市場経済体制と1党独裁の政治体制は自己矛盾を内包していると確信しているからであります。

　人の力では止めることのできない地球の自転から生まれる歴史の滔々とした流れの中で、地球の奥底か、あるいは、何億光年もの宇宙の最果てのいずれかに潜まれている神の恩寵が人智を導き、ポストコロナの宇宙船地球号に現れますように・・・。THANKS BE TO GOD！

　2020年8月　　Professor Innermoreland
　　　　　　　リバーテラスの田園都市上野原にて追記

第1部
21世紀日本の国の形それは
米・中・日による新世界通貨
『PEACE』を生み出すパシフィック
オーシャンの『触媒国家』!

　筆者は、本書第6部で自己紹介している通り、1959年に東洋レーヨン（現東レ）株式会社に入社し、産業と企業に軸足をおいたインダストリアルエコノミストとして55歳まで勤務した後、70歳まで、21世紀の科学技術をリードするコンピューター、バイオサイエンス、マテリアルサイエンスに経営工学を配して山梨県上野原市に新設された西東京（現帝京）科学大学経営工学科教授として勤務した。

　この間、新憲法世代のトップランナーを生きる1人として、宇宙船地球号の過去・現在・未来の三界に思いを馳せ、第2次世界大戦を戦われた戦中派の肉声を筆者に続く世代に伝えるだけでなく、経済と産業と企業の立場から、戦争の原因と戦争のない世界の仕組みについて考察し、その結輪を本書の第1部に書き留め、アメリカ・中国・日本によるパシフィックオーシャン条約のフィロソフィーとキープレーヤーの資質について評価した。

　筆者はこの結論に到達するに当たり、歴史の順序に従って、金本位制度が2度に及んだ世界大戦の原因であることを第5部で解明し、次いで戦後の世界平和の基礎はマンメイドマネーであったことを第4部で解明した。

1. プロローグ ― 触媒機能による
ソフトパワー国防論を森嶋通夫ロンドン
スクールオブエコノミクス名誉教授に捧げる

　触媒とは何か。「1823 年にドイツの化学者であるヨハン・デーベライナーは白金のかけらに水素を吹き付けると点火することに気がついた。白金は消耗せず、その存在によって水素と空気中の酸素とを反応させることを明確にした。スウェーデンの化学者であるイェンス・ベルセリウスはこの作用を触媒力と名付けた」とウイキペディアは説明している。

　触媒は化学の概念である。その要点は、①物質A（水素）と物質 B（酸素）の反応が物質 C（白金）の存在によって促進され、物質 D（水）が効率よく生成されること、および、②この反応は物質 D（水）を生成する方向にのみ行われ、物質 C（白金）は変質も消耗もしないことである。

　筆者は「新世界通貨『PEACE』を生み出す触媒国家」と題したこのエッセイを取りまとめるに当たって、ロンドンスクールオブエコノミックス森嶋通夫名誉教授の国防論『自分流に考える 新・新軍備計画論』第 1 刷（次ページ写真：文芸春秋 1981 年 10 月 20 日）を詳細に読み返した。東レ企画部に在勤していた当時、役員室から「白金の相場の調査報告を求める」という情報要求を受けたことが思い出された。東レが化学プラントの一部で白金触媒を使っていたからである。虫眼鏡でも読み難いニューヨークタイムズの商品相場の数字を克明にフォローして報告した記憶がある。触媒という概念はインダストリアルエコノミストの知的資産として収納されていたのである。

　筆者ははじめて取り組んだこのエッセイを ロンドンスクールオブエコノミクス 森嶋通夫名誉教授に捧げたいと思う。森嶋名誉教授（写真上：インターネットより）は筆者の恩師の京都大学経済学部青山秀夫名誉教授のゼミの大先輩である。1988 年に先生への表敬訪問を願い出て「その儀に及ばず」と一旦は拒絶されたが、再度のお願いに「ならば研究室で待つ」との返事を頂いたご縁で、許して頂

けると思っている。

　森嶋名誉教授は、40 年近く前の 1981 年に、『外交、文化・経済交流その他』という広くかつ深い意味を『ソフト・ウェア』という日本語に託して用いられ、ローマ法王さえも『ソフト・ウェア』という言葉でとらえられた。現在のコンピューターの専門用語ではないことを冒頭に確認しておきたい。閑話休題。

2.森嶋名誉教授の国防論

　筆者は、この論考を進めるに当たって、森嶋名誉教授が『自分流に考える 新・新軍備計画論』で『戦中派の務め』として思いの丈を後世に伝えようとされたメッセージを基礎に据えた。

　森嶋名誉教授は、1991 年の共産主義ソ連崩壊から数えて 13 年後の 2004 年 7 月に亡くなられた。共産主義ソ連の崩壊をどのように自分の国防論に取り入れて補正されたか定かではないが、先生の基本的考え方は変わっていないとの前提で森嶋国防論の観点を以下引用する。

　① 仮想敵：「国防論では仮想敵を明示しなければ焦点が定まらず、誤解を招くかもしれない。それゆえ私はソ連を仮想敵とみて国防論を展開するが、私自身がソ連を敵視していないことは、以下を読めばすぐわかる筈である」と述べられた上、次の通り個別具体的な国防論を述べられている（85ページ）。

　② 国防問題に取り組む姿勢：「国防問題は重要である。それは国家にとっては、外国の攻撃にどう対処するかの問題だが、一人一人の国民にとっては、そういう事態に際して、自分の生命を断って（あるいは断たなくて）神に恥じないかという問題である。国防問題はマクロ的にみれば、政治、経済、戦略、イデオロギー等の問題であるが、マイクロ的にみれば自分のいのちの問題であり、したがって、宗教および哲学の問題である。・・・それのみでなく、厄介なことに国防問題は、まだ起こっていない事態にどう対処するかの問題である。極端にいえば、考えら

れないような事態についてどう考えるかの問題である。・・・私の国防論は学問よりも私の体験 —— 特攻隊が飛び立って行く基地で、絶望的な物量差と技術差に直面しながら、日本をどうしたら守れるのか、国を守るとはどういうことかを考えた三十四年前 —— と不可分に関係しているように思う」（83〜86ページ）。

　③ 防衛論：「国防にはハード・ウエア（武器）とソフト・ウェア（外交、文化・経済交流その他）による二つがある。相手［ソ連］がすでに核兵器を持っている現段階では、こちらも日本自身か、日本の軍事同盟が、対等の核兵器を持たない限り、ハード・ウエアによる国防は有効な戦争抑止力でありえない。・・・私は第二次世界大戦の歴史をふりかえりながら、アメリカだけでなく、他の大国もまた、いかに自分自身が戦争に巻き込まれないように懸命の努力をしたかをのべた。チェコスロバキア、ベルギー、オランダ、フランス、ポーランドの諸国は、充分な救援軍がこないために惨敗してしまったのであるが、ひと頼みの武力抵抗は決して期待したような効果をあげえないと見るべきである。・・・アメリカ人はターザンでもスーパーマンでもない。第二次大戦後、アメリカは世界の警察官を自認していたが、しばしば過ちを冒して数十万のアメリカの若者を殺したり、巨万のドルを焼いたりした。そしてその結果アメリカの青年は動かなくなってしまった。この事実にもかかわらず、依然としてアメリカを神様扱いにしていたなら、その人は為政者としては勿論のこと政策提言者としても失格である。・・・『自ら戦う意思のない国民を助ける程、神はおひとよしではない。しかしそのような用意のある国民を見捨てる程、神は無慈悲ではない。』・・・私たちは文字通り、死力をつくして戦った。しかし遂に神風は一度として吹かず、焼野原の中で、われわれは、神がいかに無慈悲であるかを悟らされたのである。このように考えるならば、日本はアメリカを頼りにした国防をすべきでないことは明白である。ハード・ウエアで日本を守ろうとするのなら、日本は核武装すべきである。それが不可能ということになれば、われわれにはソフト・ウエアによる国防が残されているだけである。私はソフト・ウエアによる国防は、将来の国防の主戦力であり、ハード・ウエアによる国防は時代おくれの国防であると信じている」（175〜178ページ）。

　④ ソフト・ウェアによる国防：「日本の第二次大戦の戦争目的は、最後のぎりぎり一杯の線では国体（天皇制）を護持することにつきたが、日本は護持の確約があって武器を放棄したのではない。非常にあいまいな条件で武器をすて、その後、無軍備のまま占領軍に折衝して、譲りえぬ最後の線だけは守り切ったのである（129ページ）。しかし最初は天皇の地位は極めて危なかった。戦争犯罪人に指

定される可能性すらあったのである。けれども、もし天皇が逮捕されたなら、日本では大規模な反乱がおこり、日本に大部隊の占領軍を長期間駐留させても、なおかつ、占領業務は順調に行われえないであろうという理由で、天皇は免責された（児島 襄「戦犯リストの中の天皇」文芸春秋昭和五十年十二月号）。この他にグルー国務次官（元駐日米大使）が天皇制存続論者で、彼がワシントンで日本を救う役割をしてくれたことや、さらに天皇御自身の皇太子殿下時代のイギリスでの交遊が日本に「国体護持」をもたらした重要な要因に数えられている。・・・それが武器抜きの抑止力の理論であるという点である（130ページ）。・・・武力の裏付けがなくとも抑止力が充分作用したというこの貴重な体験を、われわれは決して忘れてはならない。逆にあの時、徹底抗戦していたなら、国体護持どころか日本は全く滅亡していたであろう（131ページ）。・・・日本の『防衛費がGNPの0.9％では国際社会の一員として責任を果たしていない』との指摘に対し、スエーデン並みの3.4％を防衛費に投入するとしよう。これだけの金をタンクや飛行機やミサイルの購入に費消するのでなく、広い意味での防衛費、すなわち文化交流や経済援助や貿易黒字差額の縮小用に追加するならば、アメリカ、EC、東南アジア諸国との関係も非常に良好になるに違いない。逆にこの2.5％で軍備を増強すれば、平和の風船は一挙に破れてしまうかもしれない。・・・どんなことがあっても、この2.5％は核攻撃にそなえてのシェルター建設などに使うべきでない」（132〜134ページ）。

森嶋名誉教授は「沖縄の海軍部隊が玉砕した日に司令官大田 実少尉が最後に打電した長文の暗号電報を暗号士として平文に翻訳したことをはっきりと覚えている」と記された後、「日本固有の領土で将兵全員が玉砕することは正しい処置の仕方とはいえない。司令部の首脳以外のものは軍服を脱いで平服にかえ、一般市民の中にまぎれこんで、将来を期すべきだと命令し、彼らはすでに実行した。このような処置の全責任は自分にある。彼らは決して逃亡したのではなく、自分の命令に従ったのである。・・・玉砕するのは司令部の首脳部だけで充分である」と大田少尉の電文の内容を伝えられ、「三十四年前に私を感激させたこの長文の戦闘概報は残念ながら戦史叢書には収録されていない」と記されている（同書121ページ）。勝 海舟が江戸城を明けわたすことによって徳川家を救ったことも指摘されている。

3. Professor Innermorelandの触媒機能によるソフトパワー国防論—『アメリカ・チャイナ・ジャパンパシフィックオーシャン条約』の締結と条約によって担保されるパーマネントマンメイドマネー新世界通貨『ピース』の創出 —

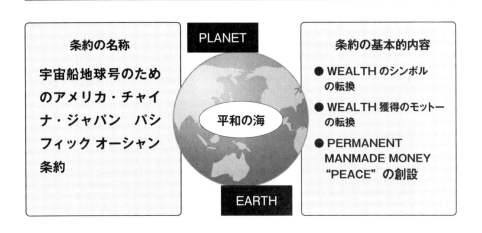

筆者の触媒機能によるソフトパワー国防論のコンセプトは概要次の通りである。

『宇宙船地球号のためのアメリカ・チャイナ・ジャパンパシフィックオーシャン条約』（AMERICA/CHINA/JAPAN PACIFIC OCEAN TREATY FOR THE PLANET EARTH）を米・中・日3ヵ国で締結し、『PACIFIC OCEAN BANK FOR THE PLANET EARTH』による PERMANENT MANMADE MONEY『PEACE』を創設・運用し、パシフィックオーシャンの周辺諸国に理解と参加を呼び掛ける。

この条約の下で、『パシフィック』、すなわち、①平和な（peaceful）、②平和を生み出す（making peace）、③平和を愛する（loving peace）『オーシャン』（大海原）を舞台として、インターネットを生み出して世界をリードしているアメリカ合衆国（A国）と国家運営の軸足を計画経済から自由市場経済に移行させてインターネット社会を構築し、国民生活の向上に取り組んでいる中華人民共和国（B国）がスマートなウイン・ウイン（自利利他円満）のビジネスパートナーとなって、GDP ＝富（D）を創出するプロジェクトを立ち上げ、両国がエグゼクティブプレーヤーとして活動する中で、日本国（C国）が自ら変容することなく、かつ、消耗することのない触媒として両国を支援し、国民の生命と財産の安全を確保することで

ある。

　筆者のこのコンセプトは、欧州における冷戦構造の解消、すなわち、共産主義ソ連のロシアへの先祖返りはレーガンイニシャティブで完了しており、極東における冷戦構造の解消、すなわち、米中国交回復後に国家経済運営の軸足を自由市場経済に置き換え、政治体制に共産主義体制を温存している中国の『中華』への先祖返りを狙っているトランプイニシャティブから生まれて来る『ポスト冷戦時代の21世紀の宇宙船地球号のダイナミズム』に由来するものである。

　第1次大戦後の国際連盟、第2次大戦後の国際連合はいずれも宇宙船地球号という観点ではなく、世界地図あるいは地球儀で地球を人間の上から目線で捉えて構想された。森嶋名誉教授が『神』という文字に託された、あるいは、トランプ大統領が『GOD』という文字に託している『人間を越えた何ものか』あるいは『人間の思い通りに動いてくれない宇宙と自然』に対する祈りを欠いていたという思いが筆者には去来する。理念としては賛成できても、結果が伴わなかったというのが歴史の証明である。

　結果が伴わなかった最大の原因は『船頭多くして、船、山に登った結果』で、国連安全保障理事会とSDRはその具体例と筆者の目には映っている。仲よしクラブのコンセンサスあるいは平均値からは全体を動かすダイナミックなベクトルとイニシャティブは生まれて来ない。

　IMF統計が示すところによれば、2017年の世界の名目GDPは79.9兆ドル、第1位アメリカが19.4兆ドル、第2位中国が12.0兆ドル、第3位日本が4.9兆ドルで、上位3ヵ国を合計すると36.3兆ドル、全世界の45.4％である。宇宙飛行士が送信して来た宇宙に浮かぶ宇宙船地球号が1年間に生み出すGDP（付加価値＝新しい富）の45％を創造する3ヵ国が明確なミッションとパッションとアクションを持って宇宙船地球号の平和と繁栄を切り拓く責任を共有することは、地球に生きる

万人にとってSUITABLE（目的適合的）、FEASIBLE（経済合理的）、ACCEPTABLE（損害許容的）であるが故にわが国を含めて宇宙船地球号のコックピットのメンバーの理解と賛同を得られると筆者は考えている。この3つの判断基準は1942年に作成されたアメリカ海軍大学の"SOUND MILITARY DECISION"に述べられた作戦の判断基準である（写真左：本書初版のコピー。入手の経緯は160ペー

ジ参照)。

　合成繊維の生産工程に『延伸工程』がある。「ばらばらの状態で存在している分子（モノマー）がグイッと引っ張られる過程で、分子のベクトルが一つの方向に整列して高分子（ポリマー）が形成され、繊維としての強靱性が生み出される工程」である。

　筆者は、触媒機能による国防論の中で次の反応が起こると想定している。

　3ヵ国条約の枠組みの中で、まず、白金の機能を担う日本（C国）が触媒反応の起点となる水素の機能を担うアメリカ（A国）に働きかける⇒アメリカは白金の機能を担う日本（C国）に向けて水素を噴射する⇒日本と一衣帯水の隣国で酸素を呼吸している中国（B国）で触媒反応が起こり、『H_2Oという名の富』（GDP）が効率的に生み出される⇒これを触媒の1次効果と定義する⇒アメリカ（A国）と日本（C国）は自らが呼吸している酸素によって誘発される触媒反応から生み出される『H_2Oという名の富』を享受する⇒これを触媒の2次効果と定義する⇒この触媒反応は酸素を呼吸しているパシフィックオーシャン周辺の条約参加国に波及し、『H_2Oという名の富』が増殖する⇒これを触媒の3次効果と定義する⇒3ヵ国の呼びかけに応えて条約に参加した各国は富を生み出す触媒反応の恵沢に浴し、この条約の維持・強化に協力する⇒かくして条約参加各国による触媒反応メカニズムを維持するベクトルが生まれる⇒よりよい生活を求める人々の日々の暮らしが生まれる⇒触媒反応をファイナンスするパーマネントマンメイドマネー『PEACE』の信用が担保される⇒マンメイドマネーによって21世紀の宇宙船地球号の平和が実現する⇒この触媒機能はリカルドが示した自由貿易による富の創造機能と相乗効果を発揮する。

　この3ヵ国が生み出すGDPは世界の45％である。2018年8月時点の外貨保有高は中国が3.1兆ドル、日本が1.2兆ドル、両国の外貨保有高は4.3兆ドル、アメリカを除く外貨保有高上位10ヵ国の外貨保有高8.6兆ドルの50％である。ドルを含めないで1,250億ドルの外貨を保有している基軸通貨国アメリカの経済力がこれに上乗せされる。

　この3ヵ国が世界平和というミッションを共有して、パシフィックオーシャンという海の幸の宝庫から無限の富＝GDPを『グイッ』と掘り起こす過程で、パシフィックオーシャンのみならず地球に生きる諸国の条約参加が促進され、平和と繁栄を求めるベクトルが結集されるというこのコンセプトは、宇宙船地球号に生きる各国にとってSUITABLE、FEASIBLE、ACCEPTABLEである。期待さ

れる EFFECT(効果）は『グローバルピース』である。

　条約の締結国を世界の富の45％を生み出している3ヵ国に限定しているのは、『船頭多くして船、山に登る』、あるいは、『平均値からは全体を動かすダイナミックなベクトルとイニシャティブは生まれて来ない』という筆者の歴史認識に基づいている。仲良しクラブのコンセンサスから歴史を方向付けるベクトルと歴史を動かすパワーは生まれない。閑話休題。

　世界はアメリカのドルを事実上の基軸通貨として容認せざるを得ない現状を生きているが、アメリカという1国のナショナルカレンシーが宇宙船地球号の経済をファイナンスするには荷が重すぎるだけでなく、宇宙船地球号の基軸通貨としての信用と賛同と支持を得ることはできないと言うのが筆者の直観である。

　筆者は、同時に、冷戦後の欧州で『宇宙船地球号のための欧州各国による大西洋条約』が締結される可能性を想定している。

　欧州主要国のGDPは、ドイツ3.9兆ドル、英国2.8兆ドル、フランス2.7兆ドル、イタリア2.0兆ドル、ロシア1.6兆ドルで、5ヵ国の合計は13.0兆ドル、全世界の16.2％である。2018年8月時点の外貨保有高はEUが8,574億ドル、ロシアが4,610億ドル、その外貨保有高は1.3兆ドル、アメリカを除く外貨保有高上位10ヵ国の外貨保有高8.6兆ドルの15％である。

　この大西洋条約の参加国がクラスターを形成して米・中・日による3ヵ国条約の第4の極に加わると宇宙船地球号に4極のテトラポット構造の世界経済システムが形成され、事実上のドル1極構造が強靭化されることが期待される。テトラポット構造は外的な破壊力に対して最強の構造である（146ページ参照）。

　大西洋条約の参加国がクラスターを形成して米・中・日による太平洋の3ヵ国条約に参加してこの条約に第4の極が生まれるならば、宇宙船地球号の平和構造が確定する。この平和構造は、20世紀前半の『THE TWO OCEAN WAR』と呼ばれた第2次世界大戦終結後に『神』あるいは『GOD』が人類に与えられる『THE TWO OCEAN PEACE』という賜物と言えるであろう。

　筆者の目には、EUの共通通貨は金本位制時代の強食弱肉の経済原則の復活の可能性を内包しているが故にドイツの1人勝ちの構造を孕んでいると映っている。テトラポット構造はEUの共通通貨のこの懸念の払拭に寄与する可能性を筆者は評価したい。閑話休題。

アメリカはペリー来航時に『開国』という水素を日本に噴射し、太平洋戦争後にリンカーン大統領の『人民の、人民による、人民のための政府』という水素を噴射したが、今、第2次世界大戦後4分の3世紀に及ぶグローバルピースを経て、冷戦という名の第3次世界大戦の最終局面を自転しているプラネットアースでインターネット社会を生きる人々に向けて『Government of the People, by the People, for the People』という水素を噴射することがSUITABLEであると筆者は確信している。

　『Government』とは『政府』である。筆者は『Government』を『政治』と訳したリンカーン大統領のGettysburg演説を学び、そう思い込んで来た。今もインターネットのウイキペディアはこの演説を『人民の人民による人民のための政治』と翻訳している。筆者はリンカーンがPOLITICS（the science or art of government）と言ったのであれば『政治』と読み取る。GOVERNMENT を I.S.E.D.（156ページ参照）は、① power to govern（統治権力）、②大文字で書かれる場合は『内閣』（政権）、③ method of ruling（統治の手段）と説明している。リンカーンが語ったGOVERNMENT は人々を統治する政治の技法ではない。人々を統治する政治権力のあるべき姿である。閑話休題。

　筆者はこの条約に含まれるべき基本的考え方、すなわち、フィロソフィーを次の通り想定している。

　① WEALTH のシンボルの転換：宇宙船地球号の富（THE WEALTH OF THE PLANET EARTH）のシンボルをナチュラルゴールドから『アメリカ・チャイナ・ジャパンパシフィック条約』によって担保されるパーマネントマンメイドマネーに転換する。このマンメイドマネーを『PEACE』と称する。

　② WEALTH 獲得のモットーの転換：この富の開発プロジェクトのモットーをWESTMORELAND（外的拡張）から INNERMORELAND（内的深耕）に転換する（INNERMORELANDの語源は163ページ参照）。その手法は米国マサチュセッツ工科大学（MIT）が“MADE IN AMERICA”で体系化したセオリー、すなわち、新しいグッズ（G）とサービス（S）と情報（I）は、① CONCEIVE ⇒② DESIGN ⇒③ DEVELOP ⇒④ PRODUCE ⇒⑤ MARKET ⇒⑥ DELIVER という6つのプロセスを経て生活の用に供されるというセオリーに従う（149ページ参照）。

　③ 条約への参加条件：パシフィックオーシャンの北方に位置するロシア（E国）と南方に位置する ASEAN 諸国（F諸国）およびその他レストオブザワールド

の諸国（G諸国＝カナダ、メキシコ、中南米諸国、インド、韓国、北朝鮮、EUなど）がこのプロジェクトに参加を希望する場合は、第2次世界大戦の帰結とその後に発生した係争中の問題の平和的解決を条件として、フェローメンバーとして歓迎する仕組みがSUITABLEである。

④ PERMANENT MANMADE MONEY『PEACE』とその運用機構の創設：エグゼクティブプレーヤーの役割を期待するアメリカ（A国）と中国（B国）および触媒国日本（C国）は、IMF加盟各国に対して、IMF加盟諸国の総意に基づいて創設されたSDR（特別引出権）（98ページ参照）が現実に機能を発揮するに至らなかった歴史事実に理解を求め、パーマネントマンメイドマネー『PEACE』の運用機構となる『PACIFIC OCEAN BANK FOR THE PLANET EARTH』の設立を提案し、設立発起人の役割を分担するとともに上記③の条件に従って参加を希望する国をフェローメンバーとして歓迎する仕組みがSUITABLEである。

筆者は、この国防論について、森嶋名誉教授に倣って、仮想敵、国防問題に取り組む姿勢、防衛論、ソフトウエアによる国防について以下に順を追って敷衍する。

仮想敵：ISIS、2001年のSEPTEMBER 11を引き起こしたテロリズムおよび本件アメリカ・チャイナ・ジャパンパシフィックオーシャン条約の反対国を想定する。

国防問題に取り組む姿勢：「国防問題は重要である。それは国家にとっては、外国の攻撃にどう対処するかの問題だが、一人一人の国民にとっては、そういう事態に際して、自分の生命を断って（あるいは断たなくて）神に恥じないかという問題である」という森嶋名誉教授の立場を継承する。

防衛論：ソフトウエアによる国防を正面戦力、ハードウエアによる国防を側面戦力と位置づけ、日米安全保障条約と専守防衛を旨とする国防軍の戦力によって武力攻撃に対して自衛する。わが国は宇宙船地球号の唯一の被爆国として核戦力は永遠にこれを保持しない。国防軍については1947年憲法を改正し、専守防衛を旨とする武力行使が可能な組織であることを明記する。

筆者は中学1年生の時に、俄か作りの薄っぺらな教科書で日本国憲法を学んだ。第2章の見出しは『戦争の放棄』、その9条2項に述べられた「前項の目的を達成するため」という但し書きが中学生のマインドに届かないまま「陸海空軍その他の戦力は保持しない。国の交戦権は認めない」という第9条の文言を強く意識に

刻み込んだ記憶がある。今の子供たちがはじめて日本国憲法を学ぶ時も同様だと思う。憲法は、誰が見ても、誰が読んでもその意味が明確に伝わるものでなければならない。『言ったことを成す＝誠』という東洋文明の魂、あるいは、『はじめにことばがあった。ことばは神であった』という西洋文明の魂に照らし、『自衛隊解釈合憲論』は世界標準ではない。21世紀日本の立ち位置ではない。

　日本はこころの鏡を神棚に飾り、こころの鏡に祈を捧げている国である。閑話休題。

　ソフトウエアによる国防機能：触媒機能というソフトウエアそのものを国防の根底に据えている。

　ソフトウエアそのものを国防の根底に据えたこの国防論は、宇宙船地球号の過去・現在・未来に関する筆者の省察、とくに20世紀前半の2度の世界大戦の根源は金本位制であり、第2次世界大戦後の世界平和の基礎はマンメイドマネーであるという省察、および、ピーク時に4兆ドル近い外貨準備を保有するに至った中国の台頭というトランプ大統領が受け継いだアメリカの立ち位置とツイッターから直接読み取るトランプ大統領のミッションから生まれて来る宇宙船地球号のダイナミズムをスペキュレートした筆者の結論である。

　第2次世界大戦後の平和は人類がゴールドの呪縛から解放され、マンメイドマネーを受け入れた結果だとしても、マンメイドマネーをことごとく紙屑にして来

たという人類の歴史を克服する知恵に基づくマネタリーシステムを生み出さない限り、われわれは『Wars Come and Go.』（"SOUND MILITARY DECISION" 17ページ）という歴史のディレンマから逃れ得ない。

　トランプ大統領のツイッターを読み取る思考過程から生まれて来た筆者の触媒国家による国防論が「パーマネントマンメイドマネー『PEACE』を生み出して運用する議論」に継承されることを希うものである。

　このエッセイの第4部で後述する通り、国際金融制度の歴史について筆者が多くを学んでいる嶋 平三郎著『国際通貨の歩み―歴史の教訓と将来への示唆―』（写真左：日本関税協会1974年136ページ）に「種々雑多な改革案を逐次検討するよりも、今一度それと同じ時間をかけて『ケインズ案』を検討した方が有益であると思われる」と指摘されている。以下同書の『ケインズの国際清算同盟案』の説明を引用する。

「ケインズ案の原理は、国内銀行制度の原理を国際的領域にまで拡張することである。預金者はその使用しない残高が他の人の事業の用に供すべく引き出されても何ら困らない。銀行は、その引き出された資金が再度必ず銀行に預金されてくる限り、何の資金手当ても必要としないからである。すなわち、勘定が銀行の内部で、ある人の名義から他の人の名義に振り替わるのみである。ケインズ案は、各国の中央銀行を預金者、引き出し人とみて、この上に一つの銀行を作ろうとしたものである。すなわち、『清算同盟の根本思想は、銀行の業務の基本原理を一般化することである。この原理は貸方、借方の必然的均衡をいう。もし貸方が、その清算同盟から外部に移転することを得ずに単にその内部でのみ振り替え得るものであるならば、同盟は、自己に対して振り出された小切手の支払いに関し、いかなる困難にも陥るわけはない。手取り金は他の加盟国の精算勘定に振り替え得るにとどまるとの保証があれば、同盟は加盟国のいずれに対しても、その欲するいかなる前貸しも行なうことができる』のである。こうした清算同盟の下では国際収支の黒字国は貸し勘定が増え、国際収支の赤字国は借り勘定が増えるが、究極的には国際収支は均衡しなければならず、その累積は許されない。それ故に、『清算同盟は長期貸付の任務は引き受けるべきではなく、それは他の機関の本来の仕事である。貸し勘定および借り勘定の無制限累積を防止するためには個別の措置を必要とし、もし本制度がこれを確保するに足る自動均衡力を有しないならば、本制度は結局失敗に終わるであろう』・・・『清算同盟の唯一の任務は、加盟国が規約を遵守しているかどうか、加盟国に与えられた前貸しが同盟全体からみて慎重賢明なものであるかどうかを監視することだけである』とケインズはいい切っているのである」

　ケインズ卿は象牙の塔の学者ではなかった。ケインズ卿が『バンコール』と呼んだこの清算同盟の勘定単位を筆者は『PEACE』と呼ぶことを提案している。ドルや元や円の為替レートが『PEACE』に対して日々変動する中で人々の無意識の意識の中に平和への思いが常在する時代が待たれる。閑話休題。

　『国際通貨の歩み』は、第1部 統一的な貨幣制度の成立前史、第2部 国際的な金本位制度の成立、第3部 両大戦間の貨幣制度、第4部 戦後の金およびドル中心の国際通貨体制、第5部 国際通貨の将来という5部構成の本論に加えて、付録1 国際通貨情勢の推移と付録2 国際通貨制度第1次改革概要が添えられた295ページの実証主義に貫かれた第1級の歴史資料で、著者が1971年8月のニクソンシ

ョックの真只中に大蔵省国際金融局国際機構課に勤務された激務の中でまとめ上げられたものである。

The DuPont World Map Printed on DuPont Tyvek

本書が出版された今からほぼ半世紀前の結論として、著者は「今後の国際通貨制度としては SDR 本位制度が建設されることになるであろう」(265ページ) と述べられている。今日までほぼ半世紀を経た現在、著者はどのような未来図を描かれるのであろうか。閑話休題。

日本では世界地図と言えばメルカトル図法で描かれた太平洋を中心にした地図しか見ていないが、アメリカでは世界地図と言えば大西洋を中心にした地図が一般的である。大西洋を中心に据えた世界地図で、日本は、地図の右端のファーイースト（極東）に小さく描かれるだけである。筆者が1979年9月から1980年8月まで1年間、エグゼクティブインレジデンスとして滞在したハドソン研究所のハーマンカーンの研究室には日本人が日ごろ見慣れている太平洋を中心にした大きな世界地図が掲げられていた（137ページ参照）。閑話休題。

4.触媒機能ファーストの国防論に立ち至った経緯

　ここで、筆者がこの結論に至った経緯について、時系列に従って、本書の構成とは逆の順序を辿って、第5部⇒第4部⇒第3⇒第2部の順に説明する。最後の第6部は筆者の足跡である。

　筆者は、まず本稿の第5部「20世紀前半の世界大戦の根源は金本位制度！」を取りまとめ、次の項目を立てて検証した。

1. マクロ経済の分数による問題提起
2. 金本位制度の下でのマクロ経済の分数の分母の G・S・I の増加
3. 金本位制度の下での分子のゴールドは簡単には増えなかった
4. 金本位制度の下で貫徹した強食弱肉の自由経済の原理
5. 科学技術の偏在による金本位制度崩壊と第1次・第2次世界大戦

続いて、筆者は、戦後の世界平和が保たれた基礎について考察し、本書第4部「第2次世界大戦後の世界平和の基礎はマンメイドマネー！」を取りまとめ、次の項目を立てて検証するとともにトランプ大統領が受け継いだアメリカの立ち位置を確認した。

　　　その際、中国が4兆ドル近いドルを保有するに至った歴史的原点、すなわち、1971年にはじまった米中国交回復交渉の原点を『周恩来キッシンジャー機密会談録』（写真左：岩波書店 2004年）で確認し、1978年の米中国交回復を担保にした中国による中ソ同盟条約破棄の歴史経過をフォローし、米中両国のパートナーシップの可能性を確認した　（160ページ参照）。

1. ニクソンショック⇒プラザ合意⇒ブラックマンデー
   ⇒リーマンショック⇒事実上のドル本位制
2. IMFによる「QUOSI MANMADE MONEY 体制」とSDRの発行
3. 1971年のニクソンショックによるドルの金兌換停止と
   1972年のシカゴ商品取引所へのドル上場および1973年の変動相場制移行
4. 1985年のプラザ合意と『事実上のドル本位制』始動
5. 1987年のブラックマンデー ——ドル紙幣印刷によるアメリカの経済恐慌阻止
6. 2008年のリーマンショック
   ——米・欧・日の紙幣印刷による100年に1度の世界恐慌回避
7. 中国の外貨準備の急増と米中国交回復と中ソ友好同盟条約破棄
8. クリントン・ブッシュ・オバマの四半世紀に起こった
   アメリカのミニワールド化

第3部および第2部については、現在進行形の事実に対する歴史認識に係る事柄であり、森嶋名誉教授が指摘されている通り「国防問題は、まだ起こっていない事態にどう対処するかの問題である。極端にいえば、考えられないような事態についてどう考えるかの問題である」がゆえに『スペキュレーション』、すなわち、「事実によってサポートされないオピニオン」に依らざるを得なかったが、筆者は、予断を排して、トランプ大統領のミッションとパッションとアクションをトランプ大統領のツイッターから直接スペキュレートする手法をとった。

筆者は、大統領就任10日前の2017年1月10日のツイッターに貼りつけられた
レーガン大統領に挨拶する40歳前の若き日の写真（35ページ参照）からトランプ大
統領の意図をスペキュレートし、その後、全文翻訳を日課とする日々過ごし、
CAUTIOUS OPTIMISM（注意深い楽観論）というハーマンカーンの教えに忠実に
論理演算を行い、トランプ大統領の意図を「共産主義ソ連のロシアへの先祖返り
はレーガンイニシァティブで完了している。私のミッションは、共産主義の看板
を掲げている中国共産党政権の先祖返りと事実上の基軸通貨ドルの力を生かした
『MAKE AMERICA GREAT AGAIN』の選挙公約の実現である」とスペキュレ
ートした。

　トランプ大統領は2017年5月のはじめての外遊で、イスラエル、ポーランド、
NATO事務局を訪問したが、その後、2019年8月22日に次の通りツイートして
いる。

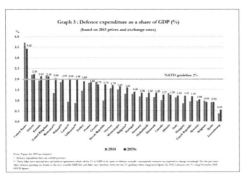

・2019-8-22 For the record, Denmark is only at 1.35% of GDP for NATO spending. They are a wealthy country and should be at 2%. We protect Europe and yet, only 8 of the 28 NATO countries are at the 2% mark. The United States is at a much, much higher level than that. Because of me, these countries have agreed to pay ONE HUNDRED BILLION DOLLARS more - but still way short of what they should pay for the incredible military protection provided. Sorry!（デンマークのNATO経費の対GDP比率は1.35％である。豊かな国の
ガイドラインは2％である。アメリカはヨーロッパを守っているにもかかわらずNATO
加盟28か国中2％のガイドラインに達している国はわずか8ヵ国に過ぎない。アメリカ
は3.42％である。2014年と2019年の数字をグラフで示した。私の要請を受けて1,000億
ドル負担金の支払いが増加したが、なお受けている安全保障の内容に見合っていない。
残念なことである。）〔ギリシャ2.24％、エストニア2.13％、英国2.13％、ルーマニア
2.04％、ポーランド2.01％、ラトビア2.01％、リトアニア1.98％、・・・、トルコ1.89％、
フランス1.84％、ドイツ1.36％、イタリア1.22％、・・・、ベルギー0.93％、スペイン

0.92%、ルクセンブルグ0.35%〕

　注〕以下、トランプ大統領のツイッターはすべて引用である。日本時間の日付と原文の後に筆者の訳文を（・・・）として掲出している。ツイッターの字数制限の故に内容を正確に読み取る上で困難が伴う場合が多く、翻訳に当たって表現など原文の意味を丁寧に伝えるとともに原文のニュアンスと意味を確認頂くための工夫である。

　トランプ大統領のツイッターの原文は「トランプツイッターアーカイブス」をネット検索するとすべて閲覧できる（http://www.trumptwitterarchive.com/archive）。

　NATOに関するツイッターはしばらく途絶えていたが、2019年11月にロンドンで開催されたNATO会合において、「NATOは宇宙を戦略空間と認識し、アメリカは指導力を発揮して力による平和を確保する」という新たな役割をNATOに持たせ、「アメリカを除く各国は年間1,300億ドル、2024年までに4,000億ドルの追加経費負担の合意」が明らかにされた。トランプ大統領のツイートを2件引用する。

　・2019-12-4　Great progress has been made by NATO over the last three years. Countries other than the U.S. have agreed to pay 130 Billion Dollars more per year, and by 2024, that number will be 400 Billion Dollars. NATO will be richer and stronger than ever before. Just finished meetings with Turkey and Germany. Heading to a meeting now with those countries that have met their 2% GOALS, followed by meetings with Denmark and Italy. When today's meetings are over, I will be heading back to Washington. We won't be doing a press conference at the close of NATO because we did so many over the past two days. Safe travels to all!（この3年間にNATOでは大いなる進展が生まれた。アメリカを除く各国は年間1,300億ドル、2024年までに4,000億ドルの追加経費の負担に合意した。NATOは経費と作戦能力において最強である。トルコとドイツの会合を終え、デンマークとイタリアなどGDPの2%の経費負担を受け入れた各国との個別会談に臨む。会談後記者会見を行わないでワシントンに戻る。2日間にかくも多くの成果が得られた。参加国首脳の無事の帰国を祈る。）

　・2019-12-5　.@NATO has now recognized SPACE as an operational domain and the alliance is STRONGER for it. U.S. leadership ensures peace through strength and we must continue to show strength and WIN on all fronts – land, air, sea, and SPACE!（NATOは宇宙を戦略空間と認識し、同盟関係を強めた。アメリカは指導力を発揮し

て力による平和を確保し、陸軍・空軍・海軍に宇宙を加え各方面で力を示し、勝利する！）

　先祖返りしたロシアからドイツがパイプラインで天然ガスの供給を受け、ライフラインをロシアに依存している現状を直視し、共産主義ソ連の脅威に対抗するために形成された NATO の役割と経費分担の在り方を厳しく問い直して GDP の2％という経費分担の目途に欧州各国が合意した折柄、アメリカから日本に安保保障経費の分担増を求められた場合、応諾するのが時の流れであると筆者は考えている。

　わが国が吉田　茂　首相による国防費の対 GDP 比率1％という軽武装路線の下で経済的繁栄を享受できたのは冷戦構造がその背景にあったからである。キャタピラーを装備した戦車への支出は、国の GDP 計算の中で、乗数効果の小さい政府消費に計上されているのに対し、同じキャタピラーを装備した建設機械のブルドーザーへの支出は乗数効果の大きい民間投資に計上されること、従って、戦車よりブルドーザーへより多く支出できた分だけ投資が増加し、経済力が高まるからである。

　筆者は、1993年に、東レ経営研究所（TBR）CONFIDENTIAL REPORT 1993-8 Vol.3 No.8に『日本の経済力蓄積のフレームワーク―国防費 GDP1％の過去・現在・未来』を、1993-9 Vol.3 No.9に『日本の経済力蓄積のフレームワーク―軽武装と高い固定資本形成の比率』と題する論考を TBR 客員研究員／西東京（現帝京）科学大学教授として投稿している。

5.触媒国家日本とエグゼクティブ
　　プレーヤーとしてのアメリカと中国の評価

　まず、触媒国家として宇宙船地球号のコックピットに立ち位置を求め、その重責を担う日本国の資質について、筆者は次の通り評価している。

　① 日本は、19世紀中葉に、アメリカ合衆国によって触発されて250年の鎖国を解き、国際法に従って国際社会の一角にその立ち位置を見出して以降、世界的規模の経済恐慌や戦争の激流に翻弄された。就中、第2次世界大戦においてはその最後の局面でポツダム宣言を受諾して国家存亡の危機に直面したが、1947年

憲法の下で、1952年にアメリカ合衆国と締結したサンフランス平和条約によって独立を回復し、1972年に中華人民共和国と国交を回復し、戦争に対する揺るぎない深い反省と自責の念を国民の総意として、国際社会の一員として、平和主義に徹し、世界の平和と繁栄に貢献している。

19世紀後半から20世紀前半の激動の現代史をサーバイブし、21世紀を生きる日本の立ち位置についてのこの評価を筆者は後世の歴史評価に委ねる。閑話休題。

② 日本は、歴史を歩む過程で、権威（DIGNITY）と権力（POWER あるいは AUTHORITY）を分離させる国家形態を維持し、天皇を権威の象徴として時の政治勢力の盛衰を越えて国家を過去から現在へ、現在から未来へ継承するシステムを維持している。

DIGNITY とは ① the quality of being excellent, ② a high rank or position（p.275R）と I.S.E.D. は説明している。権威は AUTHORITY（the power or right to give orders p.49L）ではない。I.S.E.D. については156および164ページ参照。閑話休題。

③ 日本は、社会制度、宗教、文字、科学、技術を古の時代においては中国から、近代においては欧米から学び、これを摂取し、国家の礎として来た。日本はこと受容に関する限り天賦の才覚に恵まれている。この受容の才覚は巡り来る四季の中で過ぎ行く歳月への反省と廻り来る歳月への期待を込めた意気込みの輪廻によって育まれている。

筆者は、唯一、壮大な木造寺院の建設技術は日本独自の技術と評価しているが、それさえ中国から継承した技術であると言われれば反証できない。自然界に内在している虹の7色が日本というプリズムを透過する過程で白色の太陽光線に融合される自然現象を筆者は日本の受容の才覚の中に見出している。閑話休題。

④ 日本は、富の創造メカニズムとしての株式会社の制度を導入したが、その過程で示された FOR THE PUBLIC の精神、すなわち、出資を広く全国の有志に求め、その経営に当たっては常に利潤の追求と豊かな社会の実現の両立を目指した澁澤栄一翁の足跡は特筆されてよい。戦後の復興の過程で、筆者が勤務した東レにおいて、イノベーションと社会奉仕を経営の根幹に据えられた田代茂樹東レ第4代会長の足跡も記憶されてよいであろう（129ページ参照）。

明治の開国前の動乱時に長崎に来ていた英国の貿易商のトマスグラバーの「幕

末、何十万、何百万両の取引をしたが、賄賂をふところに入れるような武士は一人もおらず、賄賂をしたくてもできなかった」という言葉を筆者は忘れていない。閑話休題。

⑤　日本は、稲作を基幹とする共同社会を根底に社会を形成しており、その中で手間貸しその他共助と公私の別とFOR THE PUBLICの社会通念を培い、人と人との絆を基礎とした共存を社会通念としている。

　筆者は、日本固有の文化の1つである将棋の駒を用いてこの構図を作成した。この図は、すべてが倒れているが、背中を地面につけていないという意味で、すべてが倒れていないことを示している。筆者はこれを稲作の共同社会の縮図と考えている。西欧の社会通念では立っているか倒れているかのいずれかしかない。

『和を以って貴しと為す』という聖徳太子の十六条憲法を読む時、筆者の意識の中で『輪』が重なる。閑話休題。

⑥　日本は天然資源に恵まれていないが、その故に、変化に対する適応が容易である。

　筆者がインダストリアルエコノミストとして勤務した合成繊維産業をリードしたアメリカデュポン社、英国インペリアルケミカルインダストリーズ社が石油危機の際に石油産業へのバックワードインテグレーションを実行したが、両社とも撤収を余儀なくされた。石油資源がない日本では石油産業への川上遡求は選択肢にはなく、マーケットメカニズムの中で原料のナフサを確保しなければならなかった。閑話休題。

⑦　日本は、この間、その平和と繁栄に寄与する触媒の機能を果たし得ることを立証した。

　ⅰ）明治以降、先進科学技術を学び、工夫と改良を加え、多くの分野で世界に追いつき、追い越した。就中、鉄鋼産業については、日本が19世紀中葉に国際社会の一角にその立ち位置を見出した後に辿った不幸な歴史事実に対する深い贖罪の意味を込めて、まずは韓国に、次いで中国に対して鉄鋼産業をトランスプラントし、両国の国家形成の要となる産業基盤形成に寄与するに止まらず両国の輸出産業育成と外貨獲得に貢献した。いずれの場合も、1企業、1産業レベルの取

組みではなく、文字通り国を挙げての大事業であった。近年、アメリカの鉄鋼産業再生にも貢献している。

　日本が第2次世界大戦の償いとして行なった韓国および中国への鉄鋼産業のトランスプラントは太平洋地域における宇宙船地球号の今日の繁栄の基礎となっている事実を「鉄鋼とアルミを失うものは国家を失う」というトランプ大統領のツイッターの指摘とともに筆者は再確認するものである。閑話休題。

　ⅱ〕環境技術についても、ディーゼルエンジン排気ガス規制による首都圏の大気浄化、あるいは、多摩川におけるアユの蘇生など実績を残している。

　ディーゼルエンジン排気ガスは https://www.youtube.com/watch?v=Q6A5sZ4pu8U、多摩川におけるアユ蘇生は https://www.tokyokankyo.jp/kankyoken_contents/research-meeting/h22-01/2204-tama_river_pp.pdf で確認できる。閑話休題。

　ⅲ〕積極的に対外援助を進めている。一方、第2次世界大戦前の対外債務については平和条約締結後に返済を終わっている。

　この間の事情について「1952年7月、ニューヨークで英米仏三国の債権者代表と戦前外債処理に関する会議が開かれ、9月に、①すべての外債を通じ、極力原契約を尊重し、元本及び利子はすべて減額せず（一厘もまけて貰わず）全部支払うこと、②元本利子の支払い時期は所定の期日を一律十年間繰延べることを骨子とした日英、日米間の協定が成立、調印された。日仏協定は成立しなかったが、その額は全外債の0.25％に過ぎないので、英米両協定の成立で、まず戦前の外債全部の処理が出来たと見るべきである」（津島寿一著『外債処理の旅』芳塘刊行会 1966年11月1日 5〜6ページ）と記されている。閑話休題。

　アメリカ合衆国を A/ C/J PACIFIC OCEAN プロジェクトのエグゼクティブレーヤーとするについては、その建国の精神と建国以来の政治、経済、文化、科学技術、軍事の各方面で世界をリードしてきた実績に照らして、SUITABLE であることは自明である。アメリカ合衆国がその通貨ドルによって国際通貨体制の基軸の役割を果たしているだけでなく、近年、世界最大のエネルギー生産国となり、エネルギー自給体制を実現していることも強調されてよい。食料についてはすでに世界最大の農業国として自給自足を実現している。わが国とは日米安全保障条約に基づく同盟国であることは指摘するまでもないことである。

『だからアメリカファーストなのだ』と言われればその通りなのだが『アメリカ合衆国がその通貨ドルによって国際通貨体制の基軸の役割を果たしている現実をもっと自覚して貰いたい』と筆者はつい言いたくなる。MIT による『MADE IN AMERICA』あるいはトランプ大統領のツイッターに『基軸通貨国の責務』がそれと分かる形で述べられていないからである。あまりにも当然のことだとされているのだろうか。閑話休題。

　中国のエグゼクティブレーヤーとしての評価について筆者の見解を記す。異論があると思われるが、過去および未来について超長期的観点から、筆者は、次の背景を理由に SUITABLE と判断している。第 2 次大戦後の冷戦を第 3 次世界大戦と位置づけ、『冷戦という名の第 3 次世界大戦後の世界秩序構築』を視野に捉えた筆者の評価である。

　① 中国はアメリカとの国交回復を担保にして中ソ条約を廃棄し、ソ連共産主義政権崩壊後のグローバリゼーションの流れの中で計画経済から自由市場経済に国家経営の軸足を移し、アメリカに次ぐ世界第 2 の経済大国の地位を確保している。漢民族支配下の中国はすでにソ連共産主義とは袂を分かっており、アメリカと共存可能である。

　② 中国は、この間、ピーク時に 4 兆ドル近い外貨を保有し、この外貨の相当額、例えば 1 兆ドルを『PACIFIC PEACE BANK FOR THE PLANET EARTH』へ出資することはスマートなこととしてアメリカから歓迎されるであろう。

　③ 日本との国交回復交渉の中で「日本に攻めて来たではないか」との田中角栄首相の指摘に対し、中国は「あれは北方民族支配下の中国のなせる業であって、漢民族支配下の中国の業ではない」と応答した。羅針盤と火薬の開発に成功したのは漢民族の中国であり、これを周辺諸国への外延的拡張に用いなかったのも漢民族中国である。

　④ 現在の中国共産党の習近平政権は、清朝を倒した孫文とその後を引き継いだ蒋介石、毛沢東の系譜の漢民族政権であり、共産党の名が冠せられているが、経済運営は本来の共産主義経済ではなく、私有財産と利潤動機を認めた自由市場経済に移行している。

中国の歴史は、漢民族と北方民族交代の歴史であるが、現代史における北方民族はロシアであるという往年の京都大学の中国研究の総帥、貝塚茂樹京都大学（文学部）名誉教授が『中国の歴史』（写真左：岩波新書上・中・下 1964年〜1970年）の下巻186ページに書き留められた以下の見解を踏襲する。

　「北方民族と漢民族との対立は、中国の歴代王朝の政治の基本をなしてきた。

清朝によって蒙古民族が無力化され、北方民族の脅威は去ったように見えた。しかし、中国に接触する北方民族の同化が進むと、その背後にまた未開化の北方民族が勃興して、新しい脅威となるのが、北方民族史の常識であった。蒙古民族が無力化されたあと、その背後から東進してきたロシア民族はこの意味では北方民族の新しい代表者であると見ることができる。中ソ間の問題はじつに深い根を持っているのである」

　周恩来キッシンジャー機密会談録の550ページの「ニクソン訪中時の葉剣英元帥との会談で、キッシンジャーが、中ソ国境に展開された110万のソ連軍などについて非常に詳細な情報を提供しているのである」という記述はこのことを実証している。

　⑤ 筆者は次の第2部「トランプ大統領のミッション・パッション・アクション ― その1 中国の『中華』への先祖返り！」において『中華』という表現を用いているが、『中華』という表現に「漢民族支配下の中国における複数の候補者が擁立された選挙が行われる政治体制」という単純な内容を託している。中国は、共産主義の経済運営の要である『計画経済』を放棄し、私有財産を認めて『脱共産主義』路線を歩んでいるが、政治面における『脱共産主義』についてはロシアで行われているような『複数候補者による選挙体制』を想定している。「『中華』へ先祖返りした中国」という表現に託した筆者のイメージは、「日本を攻撃した蒙古、明治日本を海軍で威嚇した清朝などの北方民族が支配する中国ではなく、アジア文化の王道を示した漢民族支配の中国が歴史の流れの中で複数候補による選挙を実施し、アメリカに次ぐ巨大な経済力とAIや宇宙開発に実証されている技術力で21世紀の宇宙船の平和と繁栄に貢献し、世界から尊敬される中国」である。

　筆者は、『SURPRISE FREE シナリオ』の中で中国が『中華』へ先祖返りすると想定しているが、予見される近未来（FORESEEABLE FUTURE）に、このシナリ

オの実現は想定していない。しかし、中国が国際法に基づく宇宙船地球号における活動を平和的に行う限り、一党独裁の体制下の中国のエグゼクティブレーヤーとしての役割は障害とはならないとの立場である。

　米中両国は朝鮮戦争を激しく戦った。朝鮮戦争において自らの国家意志に基づいて戦闘行動を起こしたのはコミンテルンを背後にした北朝鮮だけであった。韓国は応戦した。アメリカはコミンテルンの野望を阻止すべく、国連軍を組織して参戦した。アメリカの参戦は受け身の国家意思に基づく参戦であった。国連軍が中国との国境に迫った時、中国は人海戦力で参戦した。この時の中国の参戦は受け身の国家意思に基づく参戦であった。中国はこの時にソ連から貸与された兵器の代金をソ連から厳しく取り立てられたことを、筆者は、単騎日中友好に尽力された岡崎嘉平太全日空会長から直接聞き及んでいる（128ページ参照）。米中両国の戦いはいずれか一方が主導的国家意志を発動した戦いではなく、受け身の戦いであったと筆者は認識している。

第1部　完

第2部
トランプ大統領の
ミッション・パッション・アクション
その1
中国の『中華』への先祖返り！

　筆者は、このパーマネントマンメイドマネー構想はプラネットアースに生きるすべての人々にとってSUITABLE、FEASIBLE、ACCEPTABLEと確信しているが、『世間知らずの夢である』あるいは『フィクションに過ぎない』との反問が聞こえる。

　筆者は、宇宙船地球号のコックピットの中心人物であるトランプ大統領のミッション・パッション・アクションを巨大なマスメディアとほぼ同時に正確に読み解く中で、中国は、不利な貿易戦争の道、すなわち、関税回避を目的とした対中国進出企業の脱中国から生まれる中国経済の停滞と外貨準備喪失の道を選ぶのではなく、アメリカと妥協の道を選ぶとスペキュレートしている。

　妥協の選択肢の中で中国が1兆ドルを『PACIFIC OCEAN BANK FOR THE PLANET EARTH』に出資し、アメリカとスマートなビジネスパートナーシップを構築する道を選ぶかどうか、現時点においては誰にも分からないが、実現すれば『パーマネントマンメイドマネー誕生という奇跡』が宇宙船地球号に生まれる。

　トランプ政権はアイゼンハウアー、ニクソン、レーガンと引き継がれてきたダイナミックに歴史を展開させる保守本流の政権である。

1. トランプツイッターことはじめ と
レーガン夫妻に挨拶する写真の読み解き

2016年11月8日にアメリカ合衆国第45代大統領にドナルドトランプ共和党候補が選出された。

大統領選挙が終わって1ヵ月が経過した12月19日に、筆者の上野原研究を指南されたNPO法人上野原インフォメーション（加藤忠亮理事長）の主筆の野崎 忠さんから「トランプツイッターをBingの自動翻訳にかけたら『我々は我々が彼らを盗んだ背中ドローンをしたくない中国を教えてください―それらをそれを維持させる！』という意味不明の訳がでる。訳してみないか」という1通のメールが届いた。訳してみると「われわれは中国に言うべきである。彼らが盗み取ったドローンを返還して貰わなくて結構だ。中国に持たせておくべきだ」と書かれていた（Dec 17, 2016 07:59:25 PM We should tell China that we don't want the drone they stole back.- let them keep it! [Twitter for Android]）。

筆者は、南シナ海の公海で中国に盗まれた『水中調査船』の返還交渉をはじめようとしていたオバマ政権と比べ「何という背筋が通った主張だろう。『MAKE AMERICA GREAT AGAIN』は本物だ」と直感し、その日から朝な夕な、パソコンに向かってトランプ大統領のすべてのツイッターをその日のうちに翻訳し、その真意を読み解いて上野原インフォメーションに投稿する作業をはじめ、大統領選挙から1年を経た2017年11月にトランプツイッター全訳のブログを立ち上げた。

この写真は、『An old picture with Nancy and Ronald Reagan.』という一文とともに、大統領就任式の10日前の2017年1月10日のツイッターに添付された写真である（トランプツィッターアーカイブスより Jan 9, 2017 05:32:33 PM An old picture with Nancy and Ronald Reagan. https://t.co/8kvQ1PzPAf [Twitter for iPhone]）。

レーガン大統領就任は1981年1月であったから、1946年生まれのトランプ大統領30台後半の写真である。写真に『To Donald Trump With Best Wishes, Nancy & Ronald』とサインされている。

大切にアルバムに張り付けられていたと思われる若き日のトランプ大統領の『志』が写っているようなこの写真を、大統領就任式の10日前に、ツイッターに張り付けたトランプ大統領の こころ は何であったのか。

　筆者は、想像を逞しくして、その内容を次の通りスペキュレートした。

　レーガン大統領！　あなたは私が尊敬している偉大な大統領の1人です。あなたは、世界政治において、武力に頼ることなく、世界制覇をもくろんだソ連共産主義を内部崩壊させ、ロシアに先祖返りさせました。私は、8年の間に、共産主義の看板を掲げている中国共産党政権を先祖返りさせます！

　レーガン大統領！　あなたは、世界経済において、レーガノミクスを発動し、減税とサプライサイドエコノミクスによってアメリカ経済を再生させました。私は、マンメイドマネーで石油が買える基軸通貨ドルの力をアメリカ経済の再生に生かすべく、MIT が1989年に発表した "MADE IN AMERICA" に学んで、MAKE AMERICA GREAT AGAIN ！の選挙公約を実現します！

　この写真が添付された10日後に大統領就任演説が行われた。筆者はケネディー演説と同様語り継がれるべき内容だと思った。その冒頭に政治の世界に淀んでいるヘドロの一掃が語られていたからである。ビジネス出身の大統領だから発することができたメッセージであると確信している。以下にその冒頭をウイキペディアより引用する。

　　For too long, a small group in our nation's capital has reaped the rewards of government while the people have borne the cost. Washington flourished - but the people did not share in its wealth. Politicians prospered - but the jobs left, and the factories closed. The establishment protected itself, but not the citizens of our country. Their victories have not been your victories; their triumphs have not been your triumphs; and while they celebrated in our nation's capital, there was little to celebrate for struggling families all across our land.（首都ワシントンの政治に係っているごく少数のグループが、長い間、政治の仕組みから生まれて来る利益を享受し、国民はそのコストの負担を強いられて来た。ワシントンの政治に係るものだけが繁栄し、国民はその埒外に置かれて来た。［議員とマスコミといわゆる学者評論家など］政治を生業とする人たちの商売は繁盛したが、国民は仕事を失い、工場は閉鎖された。国民を守る筈の政治体制は自己保身に明け暮れ、国民を守らなかった。政治に係る者は勝利したが、その勝利は国民に分かち合われなかった。政治の中枢は称賛を受けたが、全米各地で刻苦精

励するファミリーが称揚されることはほとんどなかった。)

　就任演説から3年が経過したが、その後のツイッターに、トランプ大統領はワシントン大統領とリンカーン大統領を敬愛していること、レーガン大統領を越えて見せるという意気込みが書き込まれている。

　就任後、トランプ大統領は、外交面で、まず、エルサレムのユダヤ教とキリスト教と回教の聖地を訪問、その足で、共産主義ソ連崩壊のきっかけとなったポーランド出身のヨハネパウロ2世ローマ法王の歴史に残る野外ミサの広場を訪問し、NATOの経費の公正な負担を訴えた。共産主義のイデオロギーを捨て先祖返りしたロシアからドイツが天然ガスをパイプラインで輸入し、ライフラインをロシアに依存している現状とソ連共産主義政権を前提としたNATOの防衛体制の齟齬を衝いたと筆者の目に映った。

　筆者は、トランプ大統領が最初の外国訪問で、ユダヤ教とキリスト教と回教の聖地および共産主義ソ連崩壊の第1歩となったポーランド出身のローマ法王の歴史に残る野外ミサの広場を訪問したことを重視しないトランプ論、トランプ大統領の歴史認識と宗教的信念を考察の対象から外したトランプ論は表面的で、共産主義ソ連がロシアへ先祖返りした後の欧州情勢あるいは中東政策を読み解けないと考えている。

　筆者は『ユダヤ教の聖典である旧約聖書は神の言葉が預言者によって伝えられ、書き残された預言の書で、人が語った予言の書ではないこと、その預言に従ってキリストが誕生し、キリスト教が成立、7世紀にマホメットが旧約聖書の神の啓示を語った内容がコーランとして編集された』と理解している。筆者にとってアラブの神とイスラエルの神は同じである。閑話休題。

　森嶋名誉教授はローマ法王ヨハネパウロ2世が1978年10月に法王に就任された僅か3年後の1981年に出版された『自分流に考える』の中で次のように評価されている。

　「最近発見された強力なソフト・ウエアの例を一つあげて置こう。西欧においては、近代国家は、王権と教会と人民の妥協の産物である。日本人はマルクス・レーニン主義の諸国では、宗教は阿片のように毛嫌いされていると思いがちだが、ソ連をはじめ東欧諸国で、宗教は人民の中に深く根をおろしている。ポーランドの大司教がローマ法王にえらばれたことは、東欧のカソリック教徒を熱狂させたし、法王就任後の彼の活躍は、東西陣営に武器を放棄させないまでも、彼が冷戦緩和に大貢献し得る潜在能力を持っていることを証明した。彼が法王として、母

国ポーランドを訪問した時には、全ポーランド人は文字通り涙を流して喜んだ。そういう涙は単なる法悦や祖国主義（パトリオティズム）の涙だけではない。ポーランド出身の彼が法王として、東西間の緊張緩和に貢献することを期待しての熱烈歓迎の涙でもあったのだと私は思う。」（『自分流に考える』179ページ）。

　歴史は『冷戦緩和』どころか『冷戦終結』を生み出した。窮屈な日本を飛び出し、英国で世界の経済学をリードされた森嶋名誉教授の慧眼である。閑話休題。

　続いて、トランプ大統領は、貿易問題について『鉄とアルミを失うものは国を失う』という認識を打ち出し、関税を梃子にした対中国貿易交渉に着手した。次いで、北朝鮮の核とミサイル実験に対し、厳しい経済制裁を課して北朝鮮を交渉のテーブルに引き出した。

　内政面では、規制緩和を断行して、無尽蔵と言われる石炭資源の開発とオイルシェールから生産される石油と天然ガスのパイプラインの建設に道を開き、眠っていたアメリカの活力を蘇生させ、レーガン大統領の行なった減税を上回る大規模減税によって、企業が従業員に臨時ボーナスを支給する道を開き、新規雇用増大と失業率低下を実現、ニューヨーク株式相場を大統領当選当時の18,589ドルから28,000ドル超の水準へ導いた。メキシコ国境の壁の建設、最高裁判所判事の任命、ほとんどすべてのマスコミを敵に回し、民主党と結託した政権の内側からのロシア疑惑の魔女狩りを克服するなど、再選に向けた基盤を着実に固めている。

　トランプツイッターに紹介された保守系シンクタンクのヘリテージ財団はトランプ政権1年目の実績を「公約の64％が実行された」と評価した。

　・2018年2月28日　The Heritage Foundation has just stated that 64% of the Trump Agenda is already done, faster than even Ronald Reagan. "We're blown away," said Thomas Binion of Heritage, President Trump "is very active, very conservative and very effective. Huge volume & spectrum of issues." （ヘリテージ財団は次の通り見解を発表した。トランプ政権の公約の64％が実行された。これはロナルドレーガン政権を凌駕している。トマスビニオン（Thomas Binion）理事長の発言は次の通りである。「われわれはこの数字に心底驚いている。トランプ大統領は非常に活動的、非常に保守的かつ効率的である。その成果の大きさと幅広さは桁外れである」）

脚注〕ヘリテージ財団に関するウイキペディアの説明：1973年に設立された在ワシントンの保守系シンクタンク。企業の自由、小さな政府、個人の自由、伝統的な米国の価値観、国防の強化などを掲げ、米国政府の政策決定に大きな影響力を持つ。ヘリテージ財団の活動はこ

れまでのシンクタンクの概念を変化させた。ピッツバーグ・トリビューン・レビュー紙のオーナーのリチャード・メロン・スケイフとビール会社クアーズの経営者のジョゼフ・クアーズが出資。筆者はハーマンカーンからヘリテージ財団の見解は信用できると言われてきた。

2.2016年11月8日 トランプ大統領当選と
キッシンジャー博士の北京訪問

　2016年の選挙結果を最も正確に予測していたのはRasmussen社と言われているが、筆者は知る由もなかった。NHKも日刊紙も欧米のほとんどすべてのジャーナリズムが民主党の勝利を予定していた。筆者は、トランプ候補が選挙運動中に「世界の警察官の役割は果たさない」と演説したことは承知していたが、ツイッターを直接確認することなくマスコミの報道を鵜呑みにしていた。わが国でトランプ大統領当選を言い当てていたのは『ポリティカルコレクトネス』という観点に着目したフリージャーナリストの木村太郎 湘南ビーチFM代表だけであったことを事後に知った。

　当時のマスコミは共和党予備選挙の段階からトランプ候補を見誤り、事実を見ずにリベラルの固定観念に基づいて報道していたが、筆者がマスコミの鏡と思い続けて来たニューヨークタイムズが選挙の5日後の2017年11月13日に次の『社主と編集長連名のトランプ大統領に対する謝罪文』を掲出したことからはじめたい。

2017年11月13日

When the biggest political story of the year reached a dramatic and unexpected climax late Tuesday night, our newsroom turned on a dime and did what it has done for nearly two years — cover the 2016 election with agility and creativity. （11月8日火曜日の深夜、今年最大の政治課題の大統領選挙が劇的かつ予想外の結果に終わった時、当社のニュースルームは、2年近くにわたった2016年の大統領選挙の結果と展望を報道する活動を終えました。）

After such an erratic and unpredictable election there are inevitable questions: Did Donald Trump's sheer unconventionality lead us and other news outlets to underestimate his support among American voters? What forces and strains in America drove this divisive election and outcome? Most important, how will a president who remains a largely enigmatic figure actually govern when he takes office?

（今回のような流動的かつ予測困難な選挙結果に対して次の3つの疑問を投げかけざるを得ません。第1は、トランプ候補のかくも徹底した前例にとらわれない選挙運動がニューヨークタイムズを含め他のニュースメディアがアメリカの有権者のトランプ支持を過小評価させたのではないか。第2は、アメリカに内在したどのような力と不満が分断された選挙活動と選挙結果を生み出したのか。第3は、最も重要なことですが、その全貌が明らかになっていない人物が大統領に就任後どのような政治を行うのか。）

As we reflect on the momentous result, and the months of reporting and polling that preceded it, we aim to rededicate ourselves to the fundamental mission of Times journalism. That is to report America and the world honestly, without fear or favor, striving always to understand and reflect all political perspectives and life experiences in the stories that we bring to you. It is also to hold power to account, impartially and unflinchingly. You can rely on The New York Times to bring the same fairness, the same level of scrutiny, the same independence to our coverage of the new president and his team. （選挙結果と選挙に先立って行なって来た報道と投票予測調査を省み、ニューヨークタイムズは当社の基本的使命に立ち返ることを目差します。当社の、基本的使命とは、アメリカと世界に偏見を持つことなく、恐怖あるいは同情の念を持つことなく、すべての政治的出来事と日々の出来事を理解し、省察するよう努力し、記事にして、みなさま方にお届けすることであります。信頼と公平性と何事も恐れない力を保持することも当社の基本的使命であります。ニューヨークタイムズは、新大統領とトランプ政権に対して、これまでと同じ公正さ、これまでと同じ正確さ、これまでと同じ独立した立場で取材してまいります。記事を信用して下さって結構です。）

We cannot deliver the independent, original journalism for which we are known without the loyalty of our readers. We want to take this opportunity, on behalf of all Times journalists, to thank you for that loyalty.

Sincerely, Arthur Sulzberger Jr., publisher Dean Baquet, executive editor （読者の忠誠心なくして、われわれが評価されている独立したオリジナルの報道を提供することはできません。私たちは、この機会に、すべてのタイムズ社員を代表して、みなさま方の忠誠心に感謝したいと思います。敬具　社主　アーサーザルツバーガー　主筆　ディーンバケット）

　この謝罪文が指摘した『全貌が明らかになっていない人物』を93歳のキッシン

ジャー博士がいち早く訪問、2016年12月2日に北京に飛んだことを Bloomberg ニュースが報道した（参照：https://www.bloomberg.co.jp/news/articles/2016-12-02/ OHJQ856TTDS301）。

記事には「トランプ氏と会談した2週間後キッシンジャー博士が北京へ飛んだこと、キッシンジャー博士は健全な米中関係発展に貢献したいと語ったと新華社が伝えた」と書かれていた。

キッシンジャー博士は、米中国交回復の突破口を開いた毛沢東主席、周恩来総理、ニクソン大統領亡き後の唯一の生存者で、トランプ大統領当選から1週間も経たないうちにトランプ大統領と会談、2週間後に北京へ向かったことになる。博士は、この時、米中国交回復を背景に中ソ同盟条約の解消が実現した経緯を、1971年のキッシンジャー周恩来会談当時20歳にもなっていなかった習近平主席と中国共産党指導部に確認した筈である。そして、帰国後その結果をトランプ大統領に報告した筈である。トランプ大統領による習近平主席に対する『友達発言』の基礎になっていると筆者はスペキュレートしている。

この重要なニュースを筆者がインターネットで知り得たことは本当にすごいことであった。インターネット時代の奇跡である。

3.トランプ大統領のミッション　　　　　　　　　　ーアメリカの犠牲によるこれ以上の　　　　　　　　　　　　　　　　　ドルの弱体化は許さない！

トランプ大統領は、減税法案を大統領就任1年目の2017年11月17日に下院で、12月20日に『すべての議案の可決に3分の2の多数が必要とされる』上院で通過させた。

単純過半数でなく、3分の2の多数が必要とされる上院を通過させる苦労が並大抵のものではないことがツイッターから読み取れた。

討議拘束が行われないアメリカでは共和党の内部でマケイン議員など反トランプ議員の反対によってオバマケア対応は結局成功しなかった。

トランプ大統領は就任後3分の2の多数採決ルールの単純過半数採決への変更を何回も主張したが、最近は主張しなくなっている。上院通過の苦労は日本の常識では理解できない。閑話休題。

2018年3月1日には、鉄鋼とアルミの輸入関税を国内法に基づき大統領権限によって実施した。関税実施の際のツイッターは次の通りである。

　　・2018-3-1　Our Steel and Aluminum industries （and many others） have been decimated by decades of unfair trade and bad policy with countries from around the world. We must not let our country, companies and workers be taken advantage of any longer. We want free, fair and SMART TRADE!　（アメリカの製鉄とアルミその他多くの第2次産業は、数十年もの長い期間に全世界の国々との間で行われて来た不公正な貿易とこの国がとって来た悪政の生贄とされて来た。われわれは、アメリカの、アメリカの製造業の、アメリカの産業労働者の犠牲において世界がこれ以上繁栄するのを許してはならない。われわれが求めるのは、自由で、公平で、スマートな自利利他円満な貿易である。）

　民主党議員とマスコミといわゆる学者評論家など政治を生業とするプンディットたちは一斉にアメリカファーストはアメリカの身勝手としてこれを非難した。筆者は、第2次世界大戦直後とは言わぬまでも、強いドルの再現が世界平和の基礎であると考えていたので、アメリカファーストは正論だと思った。

　『MAKE AMERICA GREAT AGAIN』という選挙スローガンに込められたトランプ大統領のミッションは、『中国に蓄積された4兆ドル近いドルのパワーにものを言わせた力による現状変更を許さず、国際法に基づく世界秩序を保つことだ』と筆者は考え、中国の外貨準備高との関連でアメリカの意図を読み取ることが必要と観点に立って、ツイッターを読み返した（中国が4兆ドル近いドルを蓄積するに至った経緯については108ページ参照）。

　2017年11月に日本を訪問、韓国を経てベトナムで開催された ASEAN 首脳会議に出席したトランプ大統領は、2017年11月10日にベトナムから米中貿易に関し次のツイッターを発信していた。ことここに至った原因は中国ではなく、アメリカの無為無策の結果だと書かれていた。

　　・2017-11-10　I don't blame China, I blame the incompetence of past Admins for allowing China to take advantage of the U.S. on trade leading up to a point where the U.S. is losing $100's of billions. How can you blame China for taking advantage of people that had no clue? I would've done same!　（アメリカが対中国貿易収支で数千

億ドルの膨大な赤字を記録したのは、アメリカの政府当局の無為無策の故であって、非難されるべきは中国ではなく、これまでのアメリカ政府である。経済の原則に従って人民の利益のために行動した中国を誰も非難することはできないのではないだろうか？私が同じ立場にいたら、同じことをした筈である！）

　事実に基づく率直な見解で、駆け引きの要素はなかった。筆者はこれを見て、アメリカが最も寛大に対応した場合でも中国の外貨準備高は現在の3兆ドルの水準で横ばい、最も厳しく対応する場合、中国の外貨準備高がピーク時の2分の1の2兆ドルの水準と想定して、中国の先祖返り作戦に着手するのではないかとスペキュレートした。その根本はこれ以上アメリカが犠牲を甘受し続ければドルの弱体化がさらに進行し、アメリカの政治経済の基盤が失われ、ドルの弱体化が加速するという情勢判断である。

4.トランプ大統領の中国の『中華』への 先祖返り作戦の手段は関税政策！

　トランプ大統領のミッション（WHY）とアクションの目標（WHAT）は首肯できるが、戦術（HOW）をどうするのか、経済学のセオリーの中に筆者は答えを見出すことはできなかったが、トランプ大統領は『関税政策』を駆使した。議員とマスコミと学者評論家など政治を生業とするプンディットはこれを禁じ手だと厳しく非難した。

　関税は、第2次世界大戦後の自由貿易を標榜する経済学の中で強く否定され、戦後のGATTにはじまり、1995年のWTOを経て今に及んでいる自由貿易の経済理念の中で消去されていた経済政策の手段であったが、金本位制度のもと、各国の為替レートはあってなきがごとく、ゴールドが共通通貨となっていた時代に、国家の非常事態に対応する経済政策の手段であったのだ。トランプ大統領は、大統領権限を発動して、2018年3月1日に関税政策を実行に移した。

　その効果は僅か1年という短期間に見事に現れた。経済学のセオリーの盲点を突く戦術であった。政治は共産党1党独裁体制をとりながら経済運営は自由市場経済に軸足を置き換えた中国にとって、関税の直接的効果もさることながら、関税の副次的効果、すなわち、関税を回避するために工場を中国から例えばベトナムあるいはアメリカへ移転させるという動きを阻止できなかったのである。

関税の導入に当たってアメリカの立場を説明したトランプ大統領のツイッターの内容は上述の通りであるが、筆者は、産業に軸足を置いたインダストリアルエコノミストの観点から、次の通り説明できると考えている。

　関税は第2次世界大戦の反省に立つ自由貿易の理念としては否定される手段であり、正常な状況の下では宇宙船地球号のエコノミックウエルフェアのために許されない手段である。しかし、只今現在、アメリカの政府当局の無為無策の故に発生した宇宙船地球号の非常事態に対処するに当たって、アメリカ政府が自らの責任において関税政策を発動するのを何人も阻止できない。この非常事態は、中国の覇権主義によって南シナ海という公海で人工造成された拠点の実効支配が現実の問題となり、宇宙船地球号が築き上げてきた国際法の体系のもとでの平和と安全が脅威に曝されている現実を言う。

　この脅威は中国に蓄積された4兆ドル近くのドルから生まれている。このドルが中国に蓄積されるに至った原因は「アメリカの政府当局の無為無策の故であって、非難されるべきは中国ではなく、これまでのアメリカ政府である」にしても、中国が国際法の体系のもとでの国際社会の一員として、平和と安全と繁栄に協力するまで、アメリカ政府の責任において関税を導入し、実行する。

　これに対して中国はアメリカからの対中輸出品に関税を賦課する報復策を打ち出したが、中国の対米輸出額がアメリカの対中輸出額より大きいので、関税率が同じ場合、関税収入はアメリカの方が大きくなる。

　関税の報復合戦の勝敗の帰趨は明らかに中国に不利である。その上、中国に進出した企業が中国からアメリカに輸出するが故に関税が掛かるのであって、工場を中国から例えばベトナムへ移転させ、ベトナムからアメリカに輸出すれば関税を回避できるので、中国に進出した企業の中国撤退を促す強力な誘因が関税の副次的効果として生まれた。

　関税政策の効果について筆者はこれほどまで有効な戦術であることを見抜くことはできなかったが、経済史の上では立派な役割を果たしていたことが2019年6月24日のツイッターで示されていた。ニューディール政策以降、公共事業は政府が借金して行うのが常識とされてきたが、ニューディール政策以前のアメリカでは高速道路や軍事力はすべて現金で作られた。その財源は、政府による借金（国債）ではなく関税であったという内容である。アメリカの経済史で確認していないが、よくわかる話である。

　　・2019年6月24日　When our Country had no debt and built everything from

Highways to the Military with CASH, we had a big system of Tariffs. Now we allow other countries to steal our wealth, treasure, and jobs - But no more! The USA is doing great, with unlimited upside into the future!（アメリカが借金せずに高速道路網と軍事力を現金で構築した時代に、アメリカは膨大な関税体系を構築していた。［関税がない現代においては］アメリカは他国によるアメリカの富と金の卵［企業］と雇用機会の収奪を許してきている。そうはさせない！アメリカ合衆国は未来に向かって無限大の上昇余力を保持している！）

5.関税政策の作用とその効果

　トランプ大統領は関税の作用とその効果について、子豚の貯金箱（piggy bank）という言葉で次の通りツイッターで説明している。筆者は子豚の貯金箱を本書99ページで指摘した『打出の小槌を振るアメリカの立場』と読み替えると分かり易いと思っている。

　・2019年7月10日　When you are the big "piggy bank" that other countries have been ripping off for years（to a level that is not to be believed）, Tariffs are a great negotiating tool, a great revenue producer and, most importantly, a powerful way to get companies to come to the USA and to get companies that have left us for other lands to COME BACK HOME.（あなたが大きな『子豚の貯金箱』であるとする。他国が貯金箱から長年にわたって貯えを奪い取り、貯金が底をつきはじめたとしよう。関税は他国に交渉を促す立派な手段となる。関税収入も期待できるが、何よりも重要なのは関税がアメリカから海外に進出した企業をアメリカに戻らせる手段となることである。）We stupidly lost 30% of our auto business to Mexico. If the Tariffs went on at the higher level, they would all come back, and fast. But very happy with the deal I made, if Mexico produces（which I think they will）. Biggest part of deal with Mexico has not yet been revealed!（アメリカは自動車産業の30％をメキシコに持っていかれていたのだ。何とも馬鹿げたことだ。関税が高率に設定されれば、メキシコに進出したすべての自動車会社は早い時期にアメリカに戻ってくる。私がメキシコと締結した貿易協定によってメキシコはそうせざるを得ないし、アメリカにとって好都合である。メキシコとの貿易協定の最大の効果はまだ実現していない。）China is similar, except they devalue currency & subsidize companies to lessen effect of 25% Tariffs. So far, little effect to consumers. Companies will relocate to U.S.（中国も同様である。それが嫌なら中国は元の対ドルレートを切り下げるか、企業に対する補助金を増額して25％の関税の効果を弱めざるを得なくなる。いずれの場合もアメリカの消費者にはほとんど影響がない。中国に進出した会社はアメリカに戻って来るであろう。）

　次いで7月下旬のツイッターに、中国から脱出する企業が数千に達していると関税の効果を確認している。

　・2019年7月15日　China's 2nd Quarter growth is the slowest it has been in more than 27 years. The United States Tariffs are having a major effect on companies wanting to leave China for non-tariffed countries. Thousands of companies are leaving.（中国の2019年第2四半期のGDP成長率が27年間の最低を記録した。アメリカが課した関税が大きな効果を発揮し、中国に進出した企業が関税のかからない国へ脱出する動きを促進しているのだ。その数は数千に達している。）This is why China wants to make a deal with the U.S., and wishes it had not broken the original deal in the first place. In the meantime, we are receiving Billions of Dollars in Tariffs from China, with possibly much more to come. These Tariffs are paid for by China devaluing & pumping, not by the U.S. tax payer!（中国がアメリカとの貿易協議を破棄することなく継続を望む理由である。現在アメリカは中国から数十億ドルの関税収入を得ている。将来さらに増加する見込みである。この関税はアメリカの納税者によって負担されているのではなく、中国の人民元の対ドルレートの切下げと金融緩和政策によって賄われている。）

　・2019年7月30日　China has lost 5 million jobs and two million manufacturing jobs due to the Trump Tariffs. Trump has got China back on its heels, and the United States is doing great. @AndyPuzder @MariaBartiromo（以下はAndy Puzderほかの見解：中国はトランプ関税によって500万の雇用を失った。製造業は200万である。トランプ政権は中国の行き過ぎを咎めた。アメリカはしっかりやっている。）

　・2019年7月30日　China is doing very badly, worst year in 27 - was supposed to start buying our agricultural product now - no signs that they are doing so. That is the problem with China, they just don't come through.（中国はうまく行っていない。ここ27年間で最悪である。アメリカの農産物を買い付けると想定されていたが、まだそ

の動きはない。問題は中国側にある。準備ができていないのだ。）Our Economy has become MUCH larger than the Chinese Economy in last 3 years. My team is negotiating with them now, but they always change the deal in the end to their benefit.（アメリカ経済はここ3年間中国経済との格差を広げた。交渉団が現在交渉しているが中国は自分たちに有利なように交渉内容を変えてしまう。）They should probably wait out our Election to see if we get one of the Democrat stiffs like Sleepy Joe. Then they could make a GREAT deal, like in past 30 years, and continue to ripoff the USA, even bigger and better than ever before.（中国はアメリカの選挙を待ってアメリカが民主党のバイデンを選ぶ可能性を見ているのだ。そうなれば過去30年のように大きな成果を得て、アメリカを食い物にし続けさらに大国になると思っているのだ。）The problem with them waiting, however, is that if & when I win, the deal that they get will be much tougher than what we are negotiating now...or no deal at all. We have all the cards, our past leaders never got it!（中国にとっての問題は、私が選挙に勝利すれば、中国との交渉は今より格段に厳しくなるということである。交渉の余地がなくなるかもしれない。私はこれまでのアメリカの大統領が手にしていなかったあらゆるカードを手にしている！）

　さらに8月に入ってツイッターで中国を「為替操作国」に指定した背景を次の通り説明するとともに、ヘリテージ財団のスティーブムーア（Steve Moore）チーフエコノミストの見解を紹介している。この中で、マイナスの投資すなわち工場閉鎖という認識が示されている。中国の只ならぬ苦境が読み取れる。

　・2019年8月5日　China dropped the price of their currency to an almost a historic low. It's called "currency manipulation." Are you listening Federal Reserve? This is a major violation which will greatly weaken China over time!（中国は元の対ドルレートを歴史的低水準に引き下げた。『為替操作』である。連銀の発表を見たか？合意事項違反であり、長期にわたり中国を弱体化させる政策である！）

　・2019年8月6日　China is intent on continuing to receive the hundreds of Billions of Dollars they have been taking from the U.S. with unfair trade practices and currency manipulation. So one-sided, it should have been stopped many years ago!（中国は不公正な貿易慣行と元の対ドル為替操作によってアメリカから奪い取って来た数千億ドルの富を今も奪い続けようとしている。あまりにも一方的で、数年前に是正されねばな

らなかったことである。）

・2019年8月6日　Based on the historic currency manipulation by China, it is now even more obvious to everyone that Americans are not paying for the Tariffs – they are being paid for compliments of China, and the U.S. is taking in tens of Billions of Dollars!（中国による歴史的な元の対ドル為替レート安値誘導によって中国からの対米輸出品が割安で輸入されている。このことは中国がアメリカに課した関税をアメリカが負担していないことを示している。中国がアメリカに課した関税は中国によって負担されているのだ。一方で、アメリカが中国に課した数百億ドルの関税はこれまでと変わることなく中国によって負担されている。）China has always used currency manipulation to steal our businesses and factories, hurt our jobs, depress our workers' wages and harm our farmers' prices. Not anymore!（中国は為替の安値誘導によってアメリカからビジネスと工場を盗み取り、雇用を奪いアメリカの勤労者の賃金と農産品価格を安値に誘導してきた。こんなことは最早許されない！）

・2019年8月15日　Good things were stated on the call with China the other day. They are eating the Tariffs with the devaluation of their currency and "pouring" money into their system. The American consumer is fine with or without the September date, but much good will come from the short deferral to December. It actually helps China more than us, but will be reciprocated. Millions of jobs are being lost in China to other non-Tariffed countries. Thousands of companies are leaving. Of course China wants to make a deal. Let them work humanely with Hong Kong first!
（先日、中国との電話でよいことを話し合った。中国はアメリカが課した輸出関税の効果を元の対ドルレート切り下げと金融緩和で相殺しているとのことであった。未だ関税を課していない3,000億ドルの対米輸出品に9月から10％の関税を課すかどうか、アメリカの消費者にとって［消費者物価が上がっていないので］影響は生じないのだが、実施を12月まで若干延期することによってよい効果が生まれて来る。その効果は双方にとってプラスなのだが、アメリカよりも中国にとってより大きい。対米輸出関税によって中国から関税の掛からない国へ数百万単位で雇用が流出している。数千の単位で企業が中国から流出している。当然中国は交渉して来る。胸襟を開いて香港問題を協議する。）

・2019年8月16日　"If they don't get this Trade Deal with the U.S. done, China could have it first recession（or worse!）in years. There's disinvestment in China right now. Also, the Fed is too tight（I agree）." Steve Moore, Heritage Foundation［以下は、レーガン政権の経済政策立案者であり、トランプ政権の大型減税の立案者の一人である］ヘリテージ財団のスティーブムーア（Steve Moore）チーフエコノミストの見解：「中国がアメリカとの貿易交渉を決裂させれば中国は今後数年間景気後退を余儀なくされる可能性がある。中国では［工場を中国から周辺諸国へ移転させるなど］投資がマイナスになっている。連銀の金融引締政策は行き過ぎである」　私もそう思う。）

　トランプ大統領は8月24日にはさらなる関税の引き上げを打ち出し、8月25日には勝利宣言のようなツイッターを投稿している。

・2019年8月24日　For many years China（and many other countries）has been taking advantage of the United States on Trade, Intellectual Property Theft, and much more. Our Country has been losing HUNDREDS OF BILLIONS OF DOLLARS a year to China, with no end in sight. Sadly, past Administrations have allowed China to get so far ahead of Fair and Balanced Trade that it has become a great burden to the American Taxpayer.（長年にわたって中国（と諸外国）は貿易と知的所有権その他をめぐってアメリカから利益を得てきた。アメリカは中国に対して数千億ドルの貿易赤字を毎年記録して来た。改善の見込みは立っていない。悲しむべきことにこれまでのアメリカ政府［クリントン、ブッシュ、オバマ政権］は中国に対して公正かつ均衡のとれた貿易と程遠い貿易を許して来た。これはアメリカの納税者にとって非常に重い負担となっている。）As President, I can no longer allow this to happen! In the spirit of achieving Fair Trade, we must Balance this very unfair Trading Relationship. China should not have put new Tariffs on 75 BILLION DOLLARS of United States product（politically motivated!）. Starting on October 1st, the 250 BILLION DOLLARS of goods and products from China, currently being taxed at 25%, will be taxed at 30%. Additionally, the remaining 300 BILLION DOLLARS of goods and products from China, that was being taxed from September 1st at 10%, will now be taxed at 15%. Thank you for your attention to this matter!（アメリカ大統領として、私はこの現状を認めることはできない。公正な貿易を実現する理念に基づいてこの不公正な貿易収支を均衡させなければならない。中国は政治的動機に発する750億ドルの

アメリカの対中輸出に新たに関税を課すべきではない。アメリカはすでに課税されている中国からの対米輸出関税25％を10月1日から30％に引き上げる。さらに9月1日から予定されている残る3,000億ドルに対する対米輸出関税を10％から15％に引き上げる。本件に関心を寄せて頂いていることに感謝！）

・2019年8月25日　When I looked up to the sky and jokingly said "I am the chosen one," at a press conference two days ago, referring to taking on Trade with China, little did I realize that the media would claim that I had a "Messiah complex."（私は、2日前の記者会見で、中国との貿易問題を念頭に置いて、空を見上げながら、冗談と皮肉を込めて「私は選ばれしもの」と言ったが、その時、メディアが「私の救世主願望」に文句をつけるとは思ってもいなかった。）They knew I was kidding, being sarcastic, and just. having fun. I was smiling as I looked up and around. The MANY reporters with me were smiling also. They knew the TRUTH…And yet when I saw the reporting, CNN, MSNBC and other Fake News outlets covered it as serious news & me thinking of myself as the Messiah. No more trust!（メディアは私の発言を冗談と皮肉と揶揄と受け止めていた。私は空を見上げて笑みを浮かべていた。多くの記者諸君も一緒に笑みを浮かべていた。今になって記者諸君はその時私が何を考えていたか、現実に直面している。CNN、NBC他偽ニュースメディアの報道を見ているが、重大なニュースとして報道し、私が救世主であろうとしていると報道している。その通りだ！）

　その後中国との貿易交渉は駆け引きが続いたが、12月14日に、貿易交渉の第1段階が合意に達し、12月15日に予定されていた追加関税の中止が発表され、さらに、12月21日に貿易協定調印の日程が協議されていることがツイートされた。このツイートで、北朝鮮問題についても中国と話し合っていることがツイートされた。米中の協調が続いている。

・2019年12月14日　We have agreed to a very large Phase One Deal with China. They have　agreed to many structural changes and massive purchases of Agricultural Product, Energy, and Manufactured Goods, plus much more. The 25% Tariffs will remain as is, with 7 1/2% put on much of the remainder. The Penalty Tariffs set for December 15th will not be charged because of the fact that we made the deal. We will begin negotiations on the Phase Two Deal immediately, rather than waiting until after the 2020 Election. This is an amazing deal for all. Thank you!（中国との貿易交渉で次の成果を得た。中国は多くの分野で規制改革を行い、農産物、エネルギー工業製品その他を大量に購入する。これに対応して12月15日に予定されていた追加関税の実施を中止する。25％と7.5％の関税は維持される。大統領選挙の結果を待つことなく、第2段階の交渉を直ちに開始する。これは大きな成果につながる交渉である。ありがとう。）

・2019年12月21日　Had a very good talk with President Xi of China concerning our giant Trade Deal. China has already started large scale purchaes of agricultural product & more. Formal signing being arranged. Also talked about North Korea, where we are working with China, & Hong Kong（progress!）.（中国の習近平主席と大規模な貿易協定について友好的電話会談を行なった。中国は農産物その他の大量買い付けを開始した。協定の署名日程が協議された。中国と協力して取り組んでいる北朝鮮問題も話し合った。香港についても取り上げた。進歩が見られた。）

6. 米中関係をめぐるBUSINESS AS USUALとSURPRISE FREEのシナリオ

　中国が元の対ドルレートを関税率と同じだけ元安に誘導すれは、アメリカの消費者の手元に届く中国製品のドル価格は関税引き上げ前と変わらないので、中国の対米輸出額は変わらない。しかし中国の輸出業者の受け取る輸出代金は元安になった分だけ減少する。これは第2次世界大戦前に起こった為替切り下げ競争による近隣窮乏化政策に他ならない。中国政府が関税分だけ中国の輸出業者に補助金を支出すれば中国の財政余力がそれだけ失われることになる。

　関税政策は中国に現地進出した企業の中国脱出と中国の財政弱体化という2つのルートを通して中国経済を直撃している。

　中国はアメリカに対し報復関税を課して貿易交渉を中断させたが、フランスでのG7終了後に中国から貿易交渉再開の申し出があったというトランプ大統領の8月28日のツイートに見られる通り、中国は交渉を続けざるを得ない立場にある。

　・2019年8月28日　Great respect for the fact that President Xi & his Representatives want "calm resolution." So impressed that they are willing to come out & state the facts so accurately. This is why he is a great leader & representing a great country. Talks are continuing!（貿易交渉で『穏便な合意』を中国の習主席とその代表団が求めてきたことに表敬。事態を正確に認識して交渉に戻って来たことに感銘を受けている。習近平主席が有能で中国を代表する指導者とされる所以である。交渉は継続される！）

　中国は、政治は共産党1党独裁体制を続けているが、経済は開放された市場経済体制に移行しているため、2つのルートから迫ってくる関税政策の効果を遮蔽できない。中国は譲歩せざるを得ないと考えられる。中国が譲歩せずにアメリカとの貿易交渉を決裂させれば「中国は今後数年間景気後退を余儀なくされる可能性がある」というヘリテージ財団のスティーブムーア（Steve Moore）チーフエコノミストのシナリオに向かって世界経済は動くと考えられる。

　中国の外貨準備をうなぎのぼりの勢いで増加させたようなドルの海外流出によって保たれた世界景気の拡大は終わった。その分ドルが紙屑化に向かって急坂を転げ落ちるようなオバマ政権下で発生した悪夢のシナリオはひとまず回避されたというのは現時点のインダストリアルエコノミストのBUSINESS AS USUAL（常識的に起こり得る）シナリオである。

　この現状延長的シナリオの中で、海外に流出したドルのアメリカへの急激な還流が起これば、アメリカ以外の地域の経済の停滞が発生する可能性が生まれる。1997年に英国から香港が中国に返還された際に、アジア地域からドルがアメリカに還流し、アジア地域経済が急激に変調を来したことを忘れてはならない。閑話休題。

　『BUSINESS AS USUAL シナリオ』と並んで、今一つ、『SURPRISE FREE シナリオ』がある。筆者はこの考え方をハーマンカーンから学んだ。イメージトレーニングと考えると分かり易いと思っている。BUSINESS AS USUAL シナリオは現状延長的未来予測で、日常的に行われているが、同時に『常識的でないが起こり得るシナリオ』、すなわち、『あっと驚くような事態を想定しておくことによってパニックに陥ることなく、冷静な対応が可能である』という観点から想定される未来予測である。『突発しても驚かないシナリオ』と言ってもよい。

　常識的でない未来予測、すなわち、非常識な未来予測には、『望ましくない方向に向かっての未来予測』と『望ましい方向に向かっての未来予測』がある。

筆者は『注意深い楽観論』の立場から、『望ましい方向に向かっての未来予測』を『SURPRISE FREE シナリオ』として提示する。それは、国家の最高指導者として、中国の習近平主席が国家百年、否、漢民族中国千年の計を中国共産党の老若指導部に説得し、納得させ、3兆ドルの外貨準備から1兆ドルをアメリカとの交渉のテーブルに乗せ、筆者が提案したアメリカと中国と日本の3ヵ国による『宇宙船地球号のためのアメリカ・中国・日本太平洋条約』を締結して『PACIFIC OCEAN BANK FOR THE PLANET EARTH』に拠出し、アメリカとスマートなビジネスパートナーとなる道を選択するというシナリオである。

　アメリカは政権がコンサーバティブとリベラルの間を行き来する国である。トランプ政権はアイゼンハウアー、ニクソン、レーガンと引き継がれてきたダイナミックに歴史を展開させる保守本流の政権である。ニクソン大統領とキッシンジャー特別補佐官によるイニシアティブに発した米中国交回復を背景に中国が共産主義ソ連の支配の桎梏から逃れ得た歴史事実を当時20歳にもなっていなかった習近平国家主席とその指導部が中国の国家経営の根本に据えているかどうかに掛かっている。

　筆者と同じ構想が完全に宇宙船地球号のコックピットのメンバーから提起される時、この構想は実現する。

　中国の知恵の中から『宇宙船地球号のためのアメリカ・チャイナ・ジャパンパシフィック条約』が姿を見せることになればプラネットアースに『紙屑にならないマンメイドマネー誕生という奇跡』が生まれる。中国は日本と同じ太平洋を中心にしたメルカトル図法による世界地図を見ている国である。

第2部　完

第3部
トランプ大統領の
ミッション・パッション・アクション
その2　北朝鮮の非核化！

　マスコミといわゆるプンディットは「北朝鮮は絶対に核を放棄しない」という。「北朝鮮の非核化は極東における冷戦構造の終焉というトランプ大統領のミッションの中に織り込まれている」が故に、北朝鮮はトランプ大統領の描くシナリオ、すなわち「北朝鮮が核兵器を放棄し、世界との通商と約束ごとを履行する場合に達成できることに限界はない。安全と繁栄という輝かしい新時代に自国民を誘う指導者として記憶さるべきチャンスを金委員長は手中にしている！」に沿って動かざるを得ないというのが、トランプ大統領のツイッターから筆者が読み取るスペキュレーションである。筆者はトランプ大統領が描いている北朝鮮の将来像をBUSINESS AS USUALシナリオと考えている。

　トランプ大統領の描くシナリオを北朝鮮が拒絶する場合、北朝鮮はSURPRISE FREEのシナリオから逃れ得ない。それはルーマニアのチャウセスク共産党書記長が辿った命運、すなわち、現代世界の独裁者の人民による虐殺というシナリオである。

1. 極東の冷戦構造の残滓の一掃 という枠組みから生まれる2つのシナリオ

　第2次世界大戦後にその姿を現した世界制覇を目指したコミンテルン共産主義と米英アングロサクソンの冷戦は、ヨーロッパではレーガン大統領のイニシァティブによって解消されたが、極東では1党独裁の中国の政治体制と朝鮮半島38度線にその痕跡が残された。

　発足当初のトランプ政権では国務長官にレックスティラーソン（Rex Tillerson）ESSO 会長が起用された。キッシンジャー博士の推挙があったとされているが、筆者は、アメリカ、すなわち、核保有大国であり世界最大の産油国になったアメリカと第3位の産油国ロシア、すなわち、冷戦時代の核装備を温存しつつ先祖返りした後に石油と天然ガスの主要産出国になったロシアによる世界平和の構造を構築するための布陣と読み取った。

　しかし、2017年秋に核とミサイルを誇示して対米直接交渉に活路を見出そうとした北朝鮮の金正恩体制への対応が緊要の課題となるに及んで、極東における冷戦構造の残滓の解消とその一環として朝鮮半島の非核化がトランプ政権の最優先課課題となったと筆者はスペキュレートした。2018年3月13日のティラーソン国務長官の退任に先立って2月8日にトランプ大統領のツイッターに現れたキッシンジャー博士との会談を伝えるツイッターを重く受け止めたスペキュレーションである。

　　　・2018-2-8　I will be meeting with Henry Kissinger at 1:45pm. Will be discussing
　　　North Korea, China and the Middle East.　（本日、午後1：45にヘンリーキッシンジャー
　　　博士と会談する。北朝鮮、中国、中東問題を議論する。）

　アメリカ海軍大学の"SOUND MILITARY DECISION"が「Circumstances alter cases.」（状況に応じて必要な対応策は変化する）と1942年に書いたことが2018年の世界に現実に起こったと思った。これまでの知識、経験、学説、伝承などなど全てを頼ることができない『未知との遭遇の時代』、「THINKING THE UNTHINKABLE」の時代に入ったと筆者は思った。

　ソ連共産主義のイデオロギーが世界政治を突き動かした時代から先祖返りしたロシアと漢民族による中国大陸支配を憲法に明記した中国を含め、イデオロギー

ではなく国益がものごとを突き動かす時代に入ったという認識である。

　この時点で、経済の軸足を自由市場経済に移し、政治に共産主義体制を残している中国の先祖返りというトランプ大統領のミッションの中に極東における冷戦構造の残滓の一掃という課題が組み込まれ、「北朝鮮が核を放棄することは絶対にあり得ないという政治家、学識経験者、評論家、ニュース解説者などプンディット全員一致の発言にも拘わらず、トランプ大統領は北朝鮮の核の完全廃棄を意図している」と筆者はスペキュレートした。

　以下は2016年12月19日からトランプツイッターの全訳に取り組んだ筆者の論理演算から生まれたBUSINESS AS USUAL（常識的）シナリオとSURPRISE FREE（想定外だが起こり得る）シナリオである。

　ここで、トランプ大統領のツイッターから、①極東の冷戦構造の残滓の一掃という枠組みから生まれる2つのシナリオ、②米朝会談の原点、③北朝鮮対応チームの編成と北朝鮮とアメリカの国家意志の確認、④北朝鮮金正恩の初訪中と米中相互連絡のツイッター、⑤ポンペイオ国務長官のチームによる北朝鮮との折衝急展開、⑥シンガポール会談の準備とシンガポール会談キャンセルのトランプ大統領書簡、⑦北朝鮮による会談開催の懇請、⑧第1回米朝首脳シンガポール会談の開催、⑨シンガポール会談の評価、⑩中国からの圧力から生まれた紆余曲折と2018年6月12日金正恩書簡、⑪ベトナムでの第2回米朝首脳会談に向けて始動、⑫第2回米朝首脳ベトナム会談、⑬アメリカによるベトナム首脳会談の一方的打切りとその後の評価、⑭トランプ大統領による第3回首脳会談の奇襲と金委員長の応諾、⑮ボルトン補佐官更迭とオブライエン補佐官任命、⑯北朝鮮国連大使の発言に対するトランプ大統領ツイッターと続いている一連の動きをツイッターで順を追って確認する。以下は、冗長との誹りを恐れず、正確を期すため北朝鮮関係のトランプ大統領ツイッターのすべてを収録したものである。

　筆者が読み取る北朝鮮の姿は、宇宙船地球号の止めることのできない自転が生み出す滔々とした歴史の流れの中で、国連の安保理事会決議と制裁措置にがんじがらめにされて、動くに動けない北朝鮮の現状である。

　今後の展開は誰にも分からないが、筆者は、金正恩委員長が、中国の習近平指導部と同じく、国家の最高指導者として、国家百年の計をどこまで北朝鮮共産党指導部に説得し、共産党の柔軟な対応を引き出せるかに北朝鮮の将来は懸かっていると思っている。

　それに成功した場合に、2018年6月12日にトランプ大統領がツイートした豊

かな北朝鮮、すなわち、「北朝鮮が、核兵器を放棄し、世界との通商と約束ごとを履行する場合に達成できることに限界はない。安全と繁栄という輝かしい新時代に自国民を誘う指導者として記憶さるべきチャンスを金委員長は手中にしている！」という BUSINESS AS USUAL のシナリオが実現する。

　共産党指導部の説得に失敗するシナリオが起こった場合、SURPRISE FREE のシナリオ、すなわち、委員長を待ち受ける運命はニコラエチャウセスク（Nicolae Ceausescu）ルーマニア共産党書記長が辿った運命、すなわち、圧政に苦しんだ民衆による現代の独裁者の虐殺という歴史の裁きである。

2. 米朝会談の原点

　まず、2018年1月の『核攻撃の発射ボタンが何時も机上にある』という北朝鮮のチャレンジ（152ページ参照）にレスポンドしたトランプツイッターで北朝鮮の核問題に対応するアメリカの国家意志を確認する。当初は明らかに北朝鮮の国家意志に対する疑念が述べられている。両国間に対等の立場を読み取ることは不可能である。

　　・2018年1月2日　Sanctions and "other" pressures are beginning to have a big impact on North Korea. Soldiers are dangerously fleeing to South Korea. Rocket man now wants to talk to South Korea for first time. Perhaps that is good news, perhaps not - we will see!（制裁と『その他の圧力』が北朝鮮に大きな影響を及ぼしはじめた。北朝鮮の兵士が危険を冒して韓国に逃亡している。ロケットマンははじめて韓国との会談を要望している。果たしてよいニュースとなるか悪いニュースとなるか、われわれは注視している！）

　　・2018年1月3日　North Korean Leader Kim Jong Un just stated that the "Nuclear Button is on his desk at all times." Will someone from his depleted and food starved regime please inform him that I too have a Nuclear Button, but it is a much bigger & more powerful one than his, and my Button works!（北朝鮮の Kim Jong Un 委員長は『核攻撃の発射ボタンが何時も机上にある』と言った。疲弊し、食料に事欠く北朝鮮の体制の誰かが『トランプも核攻撃の発射ボタンを机上に置いている。しかもそれはもっと大規模で強力、しかも作動する』と伝えてくれないものか！）

・2018年1月15日　The Wall Street Journal stated falsely that I said to them "I have a good relationship with Kim Jong Un" (of N. Korea). Obviously I didn't say that. I said "I'd have a good relationship with Kim Jong Un," a big difference. Fortunately we now record conversations with reporters and they knew exactly what I said and meant. They just wanted a story. FAKE NEWS!（ウオールストリートジャーナル紙は『私と北朝鮮の金正恩との関係はよい』と私が記者に語ったと伝えている。間違ってもそんなことを言う筈がない。私は『関係がよければよいのに』と仮定形で話しただけである。大違いだ。幸いなことにわれわれは会話を録音するようにしているので、記者は私の発言とその意味を正確に知っている。記者たちは自分の描いている筋書が欲しいだけなのだ。これが偽ニュースなのだ！）

　金委員長の『核攻撃の発射ボタンが何時も机上にある』というメッセージを巡っておそらく多くの情報がトランプ大統領に報告されたと思われるのだが、ここで、2月8日にキッシンジャー博士との会談が行われたとツイッターに出た後、3月6日にDRUDGE REPORTがツイッターに引用された。

　　・2018年3月6日　We will see what happens!（北朝鮮と韓国の間で）何が起こるかやがて明らか　になる！）DRUDGE REPORTを引用：（・・・The South Korean envoys are due to travel to Washington later this week to discuss the results of their discussions with the Trump administration.・・・　韓国政府関係者が今週後半にワシントンを訪問し、会談の結果についてトランプ政権と協議する。）

　　　注］ウイキペディアより：ドラッジ・レポートは、1996年、週刊の電子メールニュースレターとしてはじまった。そもそもはハリウッドおよびワシントンD.C.のゴシップを取り扱うことに焦点を当てていた。1997年、ドラッジはウェブサイトを作った。同年、ジャック・ケンプが、副大統領候補として、ボブ・ドールと共に出馬することを報じ、有名になる。更に、ニューズウィーク誌が、当時ホワイトハウスのインターンであったモニカ・ルインスキーとクリントン大統領（当時）との不適切な関係についての情報を握っていることを暴くと、ドラッジ・レポートは一気に有名になった。ニューズウィーク誌は、ドラッジ・レポートによる暴露の後、ルインスキー事件を報道した。

　同じ日のツイッターで、北朝鮮から韓国を経由して何らかのアプローチがあ

ったことと北朝鮮との会談の可能性が示され、引き続きその内容と習近平中国主席とも話が進められていることがツイートされた。

・2018年3月6日　Possible progress being made in talks with North Korea. For the first time in many years, a serious effort is being made by all parties concerned. The World is watching and waiting! May be false hope, but the U.S. is ready to go hard in either direction!（北朝鮮との間に一定の進展は見込めるであろう。ここ数年、関係各国がかくも真剣な努力を重ねたのははじめてのことだ。世界が注視し、結果を待っている。希望は裏切られるかもしれないが、アメリカは硬軟いずれの場合にも厳格に対応する！）

硬軟両様の対応という立場がはじめて表明される中、制裁の堅持が表明された。

・2018年3月9日　Kim Jong Un talked about denuclearization with the South Korean Representatives, not just a freeze. Also, no missile testing by North Korea during this period of time. Great progress being made but sanctions will remain until an agreement is reached. Meeting being planned!（北朝鮮の金正恩が韓国の代表と非核化について話し合った。凍結ではない。同時に、北朝鮮によるミサイルテストもこの間は行われない。大きな進歩だが制裁は約束が実現するまで続けられる。会談が計画される。）

　1日後に、米朝会談の交渉進展がツイートされ、中国習近平主席からのメッセージがツイッターに投稿され、米中間で長時間電話による話し合いが行われたことが示された。

・2018年3月10日　The deal with North Korea is very much in the making and will be, if completed, a very good one for the World. Time and place to be determined.（北朝鮮との交渉は新次元の展開を見せ、合意に至った場合は、世界にとって大変よい結果が生まれるであろう。日程と場所がやがて決まる。）

・2018年3月10日　Chinese President XI JINPING and I spoke at length about the meeting　with KIM JONG UN of North Korea. President XI told me he appreciates that the U.S. is working to solve the problem diplomatically rather than going with the ominous alternative. China continues to be helpful!（中国の習近平主席と北朝鮮の金正恩との会談について長時間話し合った。習主席は、アメリカ合衆国が不吉な代替手段では

なく外交的に問題の解決に取り組んでいることを評価すると私に語った。中国の協力は
これからも続く。）

　同じ日のツイッターで、習近平中国主席と話すと同じタイミングでトランプ大
統領から安倍首相に連絡されたことがツイートされた。アメリカメディアの動転
ぶりも書かれている。安倍首相にトランプ大統領から連絡があったことをBSフ
ジのプライムニュースは伝えていた。

　・2018年3月10日　Spoke to Prime Minister Abe of Japan, who is very enthusiastic
about talks with North Korea. Also discussing opening up Japan to much better trade
with the U.S. Currently have a massive $100 Billion Trade Deficit. Not fair or
sustainable. It will all work out!　（日本の安倍首相と電話連絡した。首相は北朝鮮との
会談に熱心であった。同時に、今より格段に良好な日米貿易関係について討議をはじ
めることを協議した。アメリカの対日貿易赤字は年間1000億ドルである。公正とは言
えないし、持続不可能である。包括的結論が出される！

　・2018年3月10日　North Korea has not conducted a Missile Test since November 28,
2017 and has promised not to do so through our meetings. I believe they will honor
that commitment!　（北朝鮮は2017年11月28日以来ミサイルテストを行なっていない。
また、両国が会談する間は行わないと約束している。北朝鮮がこのコミットメントを
破ることはないと確信している。）

　・2018年3月10日　In the first hours after hearing that North Korea's leader wanted
to meet with me to talk denuclearization and that missile launches will end, the press
was startled & amazed. They couldn't believe it. But by the following morning the
news became FAKE. They said so what, who cares!　（北朝鮮指導者が非核化とミサイ
ルの発射終焉を私と協議するための会談を望んでいるとの情報に接したメディアは最初の
1時間、仰天し、驚愕した。そんなことはあり得ないし、信じられないと報道した。1夜も
経たないうちに偽ニュースの本領を発揮し、自分たちが言った通りだと報道している。よ
く言ったものだ！）

3.北朝鮮対応チームの編成と 北朝鮮とアメリカの国家意志の確認

　トランプ政権の対応チームが急遽編成され、マイクポンペイオ（Mike Pompeo）国務長官の起用が3月13日に、ジョンボルトン（John Bolton）主席補佐官の起用が3月22日にツイートされた。

　　　・2018年3月13日　Mike Pompeo, Director of the CIA, will become our new Secretary of State. He will do a fantastic job! Thank you to Rex Tillerson for his service! Gina Haspel will become the new Director of the CIA, and the first woman so chosen. Congratulations to all!　（マイクポンペイオCIA長官が国務長官に就任する。目を見張るような活躍をするであろう！ テイラーソン国務長官に感謝する。新CIA長官にジーナハスペル女史が就任する。初の女性CIA長官である。両名を祝す！）

　　　・2018年3月22日　I am pleased to announce that, effective 4/9/18, @AmbJohnBolton will be my new National Security Advisor. I am very thankful for the service of General H.R. McMaster who has done an outstanding job & will always remain my friend. There will be an official contact handover on 4/9.　（4月9日付でJhon Bolton大使を新たに国家安全保障補佐官に任命する。 補佐官として素晴らしい仕事をしてくれたマックマスター将軍に大変感謝している。将軍は引き続き私の友であり続ける。4月9日に引継ぎが行われる。）

　筆者は、3月10日のツイッターの『The deal with North Korea is very much in the making』という言葉に注目した。『make』とは、まだ形になっていないものごと、すなわち、ミッションに基づいて頭の中に去来するコンセプトをデザインして形を与える行為である。

　具体的に言えば『極東における冷戦の残滓の一掃』というミッションの一環としての北朝鮮の非核化というコンセプト（アイディアの持ち主の意志に裏付けられたアイディア）がデザインすなわち形を与えられる段階に入ったと筆者は読み取ったのである。

　『ディールの内容をメイクする』際に必要なことは、①スタッフと②相手の目的（5W・1H の中の WHY）の読み取りである。ポンペイオ国務長官とボルトン主席

補佐官が起用された後の問題は『金正恩の動機の分析』である。

筆者は、アメリカのチームが『1984年生まれの金正恩の動機』を次の通り分析したとスペキュレートした。

① ムッソリーニ、チャウセスク、カダフィたち宇宙船地球号の現代史の独裁者は圧政に苦しんだ人民によって虐殺されている。ソ連の指導者は虐殺を免れたが、ソ連は紆余曲折を経て曲がりなりにも普通選挙か行われるロシアに先祖返りした。これは歴史の鉄則であり、独裁者に対する歴史の裁きである。

② 中国は、朝鮮半島を属国扱いし、異母兄金正男を後継候補とするなど現在および将来に向けて北朝鮮に対する強い影響力を保持している。金正恩は中国と気脈を通じていた張 成沢（チャンソンテク）国防委員会副委員長を粛清し、異母兄の金 正男（キムジョンナム）をＶＸガスで抹殺した。

③ 北朝鮮に対する中国の桎梏は強まりこそすれ弱まることはない。中国による桎梏から抜け出すためにアメリカと国交を結ぶ。中国はアメリカと国交を回復して共産主義ソ連の桎梏から抜け出すことに成功した。

④ 核実験とミサイル実験に対応してアメリカは経済制裁を強化したが、アメリカは交渉を申し出れば受けてくれる。アメリカは国民のための政治を目指す指導者にとっては善意の国である。サウジサラビアの政治体制は王政で民主主義ではないが国民のための政治を目指すアメリカの同盟国である。

⑤ 経済制裁が維持される場合に現在の政治体制の維持が困難の度を加える。リビア方式によるアメリカの体制保障は断固拒否するが、核の廃棄を条件に何らかの体制保障をアメリカに求める。

これと並行して、筆者は、受けて立つアメリカの国家意志を次の通りスペキュレートした。

① トランプ政権はオバマ政権とは違う。絶対に騙されない。戦略的忍耐という名の無策は取らない。トランプ政権を騙すことは許されない。トランプ政権は譲歩しない。経済制裁は強化こそすれ、緩和することはない。

② 会談の申し出には応じるが、金正恩の動機と北朝鮮の国家意志を確認する。その方法は『金正恩の目玉の動きの確認』である。条件交渉には一切入らない。

アメリカの対応の枠組みが協議決定されたのであろう。会談の応諾と評価が18日後の3月28日にツイッターで次の通り発表された。

・2018年3月28日　For years and through many administrations, everyone said that peace and the denuclearization of the Korean Peninsula was not even a small possibility. Now there is a good chance that Kim Jong Un will do what is right for his people and for humanity. Look forward to our meeting!（長い間、歴代政権を通して、朝鮮半島の平和と非核化の可能性はまずあり得ないとされて来た。北朝鮮の金正恩は、自国民と人類のために正しい決定を行うチャンスを手にしている。米朝首脳会談を待とう！）

4.北朝鮮金正恩の初訪中と米中相互連絡のツイッター

　ここでツイッターに現れなかった重要な動きがあった。それは、2018年3月23日に金正恩委員長が就任の6年後にはじめて中国を訪問したことである。世間では金正恩委員長が訪問したと報道されたが、筆者の目には、中国から出頭を命じられたと映った。おそらく北朝鮮に張り巡らされている中国の情報網から「中国による桎梏から抜け出すためにアメリカと国交を結ぶ」という国家意志がスパイされたためとスペキュレートしている。

　金正恩訪中後に習主席から北朝鮮への中国の対応がアメリカに伝えられ、第1回トランプ・金正恩会談に向けて折衝が進められた。中国と韓国の協力に感謝するツイートと日本の安倍首相に報告するツイッターが続く中、ニューヨークタイムズが『CEDE』（降伏）と表現した折衝経過が4月末にかけてツイートされた。

　　　・2018年3月28日　Received message last night from XI JINPING of China that his meeting with KIM JONG UN went very well and that KIM looks forward to his meeting with me. In the meantime, and unfortunately, maximum sanctions and pressure must be maintained at all cost!（昨晩、中国の習近平主席からメッセージが届いた。金正恩との会談は非常にうまく運び、金正恩は私との会談に期待していると伝えて来た。しかしながら、当分の間、何が起こっても最強の制裁と圧力をかけ続けなければならない！）

　　　・2018年4月8日　President Xi and I will always be friends, no matter what happens with our dispute on trade. China will take down its Trade Barriers because it is the right thing to do. Taxes will become Reciprocal & a deal will be made on Intellectual

Property. Great future for both countries!（中国の習近平主席と私はこと通商問題については何が起ころうとも友人である。中国は貿易障壁を取り下げるであろう。そうするのが正しいからである。関税は相互主義となり、知的財産権の問題についても交渉が続けられる。両国に未来は開かれている！）

5.ポンペイオ国務長官のチームによる北朝鮮との折衝急展開

　中国と緊密な連絡が取られる中、アメリカと北朝鮮の間で折衝が順調かつ急速に進展した。ポンペイオ国務長官がウエストポイント陸軍士官学校を首席で卒業したことが紹介されている。信頼の厚さが窺える。シンガポール会談の準備が進んでいること、安倍首相へ情報が遅滞なく報告されていることが記されている。朝鮮戦争終結という言葉まで表れている。

　・2018年4月18日　Mike Pompeo met with Kim Jong Un in North Korea last week. Meeting went very smoothly and a good relationship was formed. Details of Summit are being worked out now. Denuclearization will be a great thing for World, but also for North Korea!（ポンペイオ次期国務長官が先週北朝鮮で金正恩と会談した。会談は非常に円滑に行われ、良好な関係が形成された。首脳会談の詳細が現在話し合われている。非核化は世界にとって素晴らしい出来事であるだけでなく北朝鮮にとっても素晴らしいことである！）

　・2018年4月19日　Mike Pompeo is outstanding. First in his class at West Point. A top student at Harvard Law School. A success at whatever he has done. We need the Senate to approve Mike ASAP. He will be a great Secretary of State!（ポンペイオ次期国務長官は抜きん出た人材である。ウエストポイント 陸軍士官学校を首席で卒業、ハーバード大学法学部を最優秀学生の1人として卒業し、何かにつけて全てに成功して来ている。われわれは上院による早急な次期国務長官の承認を必要としている。素晴らしい国務長官になるであろう！）

　・2018年4月20日　North Korea has agreed to suspend all Nuclear Tests and close up a major test site. This is very good news for North Korea and the World - big progress! Look forward to our Summit.（北朝鮮がすべての核実験を停止し、主要な実験施設を閉鎖することに合意した。これは北朝鮮にとって大変よいニュースで、大きな前進である。首脳会談を待とう。）

・2018年4月21日　A message from Kim Jong Un："North Korea will stop nuclear tests and launches of intercontinental ballistic missiles." Also will "Shut down a nuclear test site in the country's Northern Side to prove the vow to suspend nuclear tests." Progress being made for all!（金正恩からのメッセージは次の通り：「北朝鮮は核実験と大陸間弾道ミサイルの発射を停止するであろう。また、核実験の停止の証として北部の核実験試験場を閉鎖するであろう」　ここから前進がはじまる！）

・2018年4月22日　Sleepy Eyes Chuck Todd of Fake News NBC just stated that we have given up so much in our negotiations with North Korea, and they have given up nothing. Wow, we haven't given up anything & they have agreed to denuclearization（so great for World）, site closure, & no more testing! We are a long way from conclusion on North Korea, maybe things will work out, and maybe they won't - only time will tell....But the work I am doing now should have been done a long time ago!（偽ニュースメディアNBCTVの生気を欠いた目つきをしている Chuck Toddが今しがた番組で、北朝鮮との交渉においてアメリカは大きく譲歩したが北朝鮮は全く譲歩していないと述べた。とんでもない。われわれは何も譲歩していないのに対し北朝鮮は（世界にとって大きな意味がある）非核化と核実験場の閉鎖と実験の停止に合意したのだ！われわれは北朝鮮問題の結論から程遠いところにいる。ことはうまく運ぶかも知れないし運ばないかも知れない。時の経過が示すことになるであろう。これだけは言っておく。私が今検討していることははるか以前の段階で行なって置かなければならなかったことである。）

・2018年4月27日　After a furious year of missile launches and Nuclear testing, a historic meeting between North and South Korea is now taking place. Good things are happening, but only time will tell!（ミサイル発射と核実験が続いた威嚇の数年の後に北朝鮮と韓国の間で歴史的会談が行われている。望ましいことが起っているが時が真偽を証する！）

・2018年4月27日　KOREAN WAR TO END! The United States, and all of its GREAT people, should be very proud of what is now taking place in Korea!（朝鮮戦争が終結する！アメリカ合衆国と偉大なるすべての人々は朝鮮半島で起こっていることを誇りに思うべきである！）

・2018年4月28日　Please do not forget the great help that my good friend, President Xi of China, has given to the United States, particularly at the Border of North Korea. Without him it would have been a much longer, tougher, process!（私のよき友人の中国の習近平主席がアメリカ合衆国のために働いてくれたこと、とくに、北朝鮮との国境で行なってくれたことを忘れて貰っては困るのだ。習主席の支援がなかったならば北朝鮮との折衝はもっと長期化し、もっと激しいものとなったであろう！）

・2018年4月28日　Just had a long and very good talk with President Moon of South Korea.　Things are going very well, time and location of meeting with North Korea is being set. Also spoke to Prime Minister Abe of Japan to inform him of the ongoing negotiations.（韓国の文大統領と長時間にわたる内容のある電話を終えたところだ。ものごとは非常にうまく運んでいる。北朝鮮との会談の日時と場所がやがて決まる。日本の安倍首相に電話して現在進められている折衝内容について話した。）

・2018年4月30日　Headline:"Kim Prepared to Cede Nuclear Weapons if U.S. Pledges Not to Invade" - from the Failing New York Times. Also, will shut down Nuclear Test Site in May.（ものごとを正面から見ないニューヨークタイムスの本日の1面トップの見出し：『アメリカ合衆国が北朝鮮に侵入しないと確約するならば金正恩は核兵器について降伏する用意がある。また、5月に核実験場を閉鎖する』）

6.シンガポール会談の準備とシンガポール会談 キャンセルのトランプ大統領書簡

　時計の針が進む中、米朝間で会談の準備が進み、5月9日にポンペイオ国務長官が訪朝、拘束されていたアメリカ国籍の韓国人3名が開放され、順調に事が運んでいると思われたが、5月21日に中国への警告ともとれるツイッターが出た。

中国の内部で習近平路線に対する抵抗があったのであろう。

　　・2018年5月21日　China must continue to be strong & tight on the Border of North Korea until a deal is made. The word is that recently the Border has become much more porous and more has been filtering in. I want this to happen, and North Korea to be VERY successful, but only after signing!（中国は北朝鮮問題が決着するまで国境における貿易と人の往来の厳重な取締りを継続すべきである。最近国境管理が脆弱になり、中国への潜入が増えていると言われている。私は中朝の交流が活発になり、北朝鮮が目に見えてよくなることを望んでいるが、それは交渉決着後のことだ！）

　その4日後の5月25日に突然6月12日の会談キャンセルというツイッターが出た。外交文書ではなく、日常的に行われるビジネスレターであった。その英文は写真でツイッターに張り付けられたもので、原文をコピー＆ペーストできなかったので、筆者がタイプした。原文は次の通りである。

　　・2018年5月25日　Sadly, I was forced to cancel the Summit Meeting in Singapore with Kim Jong Un.（シンガポールでの北朝鮮の金正恩との首脳会談をキャンセルせざるを得なくなった。残念だ。）

　　添付された書簡：

　　THE WHITE HOUSE　WASHINGTON　May 24, 2018

　　His Excellency（閣下）　Kim Jong Un　Chairman of the State Affairs Commission of the Democratic People's Republic of Korea　Pyongyang（金正恩 朝鮮人民共和国 国務委員　会委員長）

　　Dear Mr. Chairman:（（親愛なる委員長殿）

　We greatly appreciate your time, patience, and effort with respect to our recent negotiations and discussions relative to a summit long sought by both parties, which was scheduled to take place on June 12 in Singapore. We were informed that the meeting was requested by North Korea, but that to us is totally irrelevant. I was very much looking forward to being there with you. Sadly, based on the tremendous anger and open hostility displayed in your most recent statement, I feel it is inappropriate, at this time, to have this long-planned meeting. Therefore, please let this letter serve to represent that the Singapore summit, for the good of both parties, but to the detriment of the world, will not take place. You talk about your nuclear capabilities, but ours are so massive and powerful that I pray to God they will never to be used.

（われわれアメリカは6月12日にシンガポールで予定された両国首脳の会談に向けての折衝と協議に貴台が時間と忍耐と努力を惜しまれなかったことを大いに多とするものである。アメリカは会談が北朝鮮からの要請で計画されたことを［韓国から］伝えられたが、アメリカはアメリカの判断で会談を応諾した。私はシンガポールでの貴台との会談を大いに期待した。残念ながら、私は、貴台のここ数日に示された大いなる憤怒とあからさまな敵意を考慮し、長い時間をかけて準備されて来た会談を現状において行うことは適切でないと思っている。シンガポール首脳会談を実現させないことが米朝両国および世界のためになることをこの書簡をもって伝達する。貴台は貴国の核戦力に言及しているが、わが国の核戦力はその規模と戦力において比肩し得ないものであり、私は核戦力が決して発動されることがないように神に祈るものである。）

I felt a wonderful dialogue was building up between you and me, and ultimately, it is only that dialogue that matters. Someday, I look very much forward to meeting you. In the meantime, I want to thank you for the release of hostages who are now home with their families. That was a beautiful gesture and was very much appreciated. （私は、貴台と私の間で素晴らしい対話が積み重ねられ、この対話が唯一つの拠り所であると思った。何時の日か私は貴台と会談することを大いに期待するものである。今の時点で、感謝することがある。それは人質の解放である。解放された人質は家族のもとに戻っている。この事実は見事な現実であり、大いに称賛するものである。）

If you change your mind to do with this most important summit, please do not hesitate to call me or write. The world, and North Korea in particular, has lost a great opportunity for lasting peace and great opportunity for wealth. This missed opportunity is a truly sad moment in history.Signature（貴台が考えを変え、この最も重要な首脳会談を行おうとされる場合は、遠慮なく電話または書面で連絡願いたい。世界、就中、北朝鮮は永続的平和への大きなチャンスと富への大きなチャンスを失ってしまった。このチャンスの喪失は真に残念な歴史のひとこまである。アメリカ合衆国大統領　ドナルド トランプ 署名）

・2018年5月25日　I have decided to terminate the planned Summit in Singapore on June 12th. While many things can happen and a great opportunity lies ahead potentially, I believe that this is a tremendous setback for North Korea and indeed a setback for the world... （6月12日にシンガポールで予定されている首脳会談中止を決

断した。今後多くの出来事と将来に向けて大きなチャンスが期待される中、会談の中止は北朝鮮にとって実に大きな後退であり、世界にとっても後退である・・・。）

7.北朝鮮による会談開催の懇請

トランプ大統領は「ここ数日に示された大いなる憤怒とあからさまな敵意」について何も書き留めなかったが、翌日、北朝鮮から会談継続の要望が届いたのであろう、次のツイッターで会談を応諾した。

・2018年5月26日　Very good news to receive the warm and productive statement from North Korea. We will soon see where it will lead, hopefully to long and enduring prosperity and peace. Only time （and talent） will tell!（北朝鮮から暖かく、前向きなニュースが届いた。大変よいニュースである。何が生まれて来るか、長期間にわたる繁栄と平和が生まれて来ることが望まれる。時の経過（と知恵）が語ってくれる！）

・2018年5月26日　We are having very productive talks with North Korea about reinstating the Summit which, if it does happen, will likely remain in Singapore on the same date, June 12th., and, if necessary, will be extended beyond that date.（アメリカは北朝鮮との間で首脳会談の開催をめぐって大変前向きな話し合いをしている。首脳会談が開催されれば6月12日にシンガポールという日程は不変で、延長も視野に入ることになる。）

ことの経緯について、大統領選挙後に謝罪したにもかかわらず性懲りもなくトランプ批判の論陣を張り続けているニューヨークタイムズに対して、アメリカの対応が微動だにしていないことを翌日ツイートした。

・2018年5月27日　Unlike what the Failing and Corrupt New York Times would like people to believe, there is ZERO disagreement within the Trump Administration as to how to deal with North Korea...and if there was, it wouldn't matter. The @nytimes has called me wrong right from the beginning!（ものごとを正面から見ようとしない腐敗したニューヨークタイムズが読者を信じ込ませようとしても、トランプ政権には北朝鮮に対する対応をめぐる意見の不一致は皆無である。仮に不一致があったとしても問題にならない。ニューヨークタイムズ紙はことのはじめから私を誤解している！）

・2018年5月27日　The Failing @nytimes quotes "a senior White House official," who doesn't exist, as saying "even if the meeting were reinstated, holding it on June 12 would be impossible, given the lack of time and the amount of planning needed." WRONG AGAIN! Use real people, not phony sources. （ものごとを正面から見ないニューヨークタイムズ紙が『ホワイトハウスの高官』と言うが、そのような高官は実在しないし、『仮に首脳会談が当初の日程通りに行われることになっても6月12日は不可能だ。時間がないうえ計画すべき内容が多い』と言うのも誤報である。匿名の情報源ではなく本人に取材すべきである。）

　首脳会談の開催を懇請した北朝鮮の意向を受けて、アメリカはシンガポール会談の準備を再開したが、会談に臨むアメリカの立場を再確認すると同時に、会談中止のトランプ大統領書簡に対する北朝鮮のとった態度を釈明するためと思われるのだが、金英哲（キムジョンチョル）副委員長がワシントンに向かったことをツイートし、副委員長をホワイトハウスの大統領執務室に迎え入れ、写真を撮影する厚遇ぶりを披露した。

・2018年5月28日　Our United States team has arrived in North Korea to make arrangements for the Summit between Kim Jong Un and myself. I truly believe North Korea has brilliant potential and will be a great economic and financial Nation one day. Kim Jong Un agrees with me on this. It will happen! （アメリカ合衆国の外交団が北朝鮮に入った。金正恩との首脳会談の合意事項について折衝するためである。私は北朝鮮の潜在力には瞠目すべきものがあり、何時の日か経済立国と金融立国を果たすと心底確信している。金正恩はこの点に関して私と同意見である。私の確信は実現する！）

・2018年5月29日　We have put a great team together for our talks with North Korea. Meetings are currently taking place concerning Summit, and more. Kim Young Chol, the Vice Chairman of North Korea, heading now to New York. Solid response to my letter, thank you! （アメリカは北朝鮮との会談に向けて交渉チームを派遣している。首脳会談に関する折衝がはじまっている。折衝はこれだけではない。北朝鮮の金英哲（キムジョンチョル）副委員長がニューヨークに向かっている。私の書簡を受けた明確な対応である。）

・2018年5月31日　Very good meetings with North Korea.（北朝鮮との会談が順調に進んでいる。）

　交渉に当たっているポンペイオ国務長官がこの時点におけるアメリカの立場を簡明にツイートしたが、大統領がこれを自分のツイッターにリツイートした。小細工を弄する北朝鮮のチャレンジに「嘘は許さない」姿勢で悠然とレスポンドするアメリカの風格を示すツイートであった。

・2018年6月1日　The proposed summit offers a historic opening for @POTUS and Chairman Kim to boldly lead U.S. and #DPRK into a new era of peace, prosperity, and security. Our countries face a pivotal moment in which it could be nothing short of tragic to let this opportunity go to waste.（ポンペイオ国務長官をリツイート：予定されている首脳会談はトランプ大統領と金委員長が大胆にアメリカ合衆国と北朝鮮人民共和国を平和と繁栄と安全に導く歴史の開幕を告げるものである。われわれ両国はこのチャンスを逃すという悲劇が起らないように万全を尽くす決定的瞬間に直面している。）

8.第1回米朝首脳シンガポール会談の開催

　こうしてトランプ大統領は折からカナダで行われていたG7からシンガポールへ向けて飛び立った。

・2018年6月10日　.@G7 Press Briefing in Charlevoix, Canada, prior to departing for Singapore!（シンガポールへ出発に当たっての記者会見の映像。ボルトン補佐官が同席。）

・2018年6月10日　I am on my way to Singapore where we have a chance to achieve a truly wonderful result for North Korea and the World. It will certainly be an exciting day and I know that Kim Jong-un will work very hard to do something that has rarely been done before. Create peace and great prosperity for his land. I look forward to meeting him and have a feeling that this one-time opportunity will not be wasted!（今、シンガポールに向かっている。北朝鮮と世界に真に素晴らしい結果を生み出すチャンスを手にしている。わくわくするような日になるであろう。私は金正恩

がこれまで決して行われなかった何かを実現するために精力的活動をすると承知している。平和と素晴らしい繁栄を彼の国に創出することを希う。私は会談を前向きに捉え、この千載一遇のチャンスが無に帰さないとの感触を得ている。）

・2018年6月10日　Meetings between staffs and representatives are going well and quickly.....but in the end, that doesn't matter. We will all know soon whether or not a real deal, unlike those of the past, can happen! （スタッフと代表団の間の会談は首尾よく、迅速に行われている。それはそれでよい。しかし、最後に問題となるのは、これまでのようなものではなく、嘘偽りのない取引が行われるかどうかである。やがてわかる！）

・2018年6月10日　The fact that I am having a meeting is a major loss for the U.S., say the haters & losers. We have our hostages, testing, research and all missile launches have stopped, and these pundits, who have called me wrong from the beginning, have nothing else they can say! We will be fine! （トランプを憎み、選挙で惨敗した連中は、北朝鮮との首脳会談はアメリカ合衆国にとって大損失だと言っている。われわれは3人の人質を奪還したし、核兵器の実験と研究およびミサイル発射は行われていない。トランプははじめから間違っていると言っていた評論家と学者先生は何か言うのが精一杯だ！われわれは素晴らしい！）

9.シンガポール会談の評価

　北朝鮮は中国が提供した政府専用機でシンガポールへ到着し、米朝第1回首脳会談が開催された。その成果はツイッターに投稿された。

・日本時間6月13日（水）午前6時投稿　Heading back home from Singapore after a truly amazing visit. Great progress was made on the denuclearization of North Korea. Hostages are back home, will be getting the remains of our great heroes back to their families, no missiles shot, no research happening, sites closing. Got along great with Kim Jong-un who wants to see wonderful things for his country. As I said earlier today: Anyone can make war, but only the most courageous can make peace! #SingaporeSummit （本当に感動的訪問を終えてシンガポールから帰途についた。北

朝鮮の非核化について大きな前進が見られた。人質はすでにアメリカに戻っている。未だ戻っていないアメリカの偉大な英雄たちを故郷に帰し、ミサイル発射、研究の停止、実験場の閉鎖に取り組む。国のために素晴らしい案件の実現を願っている偉大な金正恩とともに取り組んで行く。『戦争はだれでもはじめることができる。しかし、平和を実現できるのは最も勇気ある人のみである』とは今朝私が話したことだ！シンガポールサミット！）

　トランプ大統領と金委員長が握手する映像が世界に流された。目玉を見据えられた金委員長は目をそらさなかったのであろう。会談を肯定するツイッターが7月3日まで続いた。

　その中で6月17日には「交渉継続中の米韓軍事演習の中断は私が要請したものだ。演習の実施は多額の費用が掛かり、交渉の誠意を疑わせるような悪い光を当てるからである。極めて挑発的であることもその理由である。交渉が決裂すれば直ちに軍事演習を再開する」こと、翌18日に「オバマ大統領の無為無策が続いていれば北朝鮮と会談のきっかけを掴めずに数百万もの人命を死に至らしる戦争以外にとるべき道がなくなっていたであろう。そのオバマ大統領が北朝鮮と会談のきっかけを掴んで私がやった交渉に踏み出していたならば、偽メディアはオバマを国民の英雄と呼んだであろう！」と投稿された。

　・2018年6月12日　The World has taken a big step back from potential Nuclear catastrophe! No more rocket launches, nuclear testing or research! The hostages are back home with their families. Thank you to Chairman Kim, our day together was historic!（世界は核戦争の破滅の可能性から大きく後退した。ロケット発射、核実験と研究開発は今後行われない！人質は家族のもとに戻っている。金委員長に感謝。共に過ごした1日は歴史に残る！）

　・2018年6月12日　I want to thank Chairman Kim for taking the first bold step toward a bright new future for his people. Our unprecedented meeting – the first between an American President and a leader of North Korea – proves that real change is possible!（私は金委員長が自国民の明るい未来に向けた大胆な一歩を踏み出したことに感謝したいと思う。われわれ2人、アメリカの大統領と北朝鮮の指導者が予期できなかった会談は本物の変化か可能であることを実証することになる。）

・2018年6月12日　There is no limit to what NoKo can achieve when it gives up its nuclear weapons and embraces commerce & engagement w/ the world. Chairman Kim has before him the opportunity to be remembered as the leader who ushered in a glorious new era of security & prosperity for his citizens!（北朝鮮が核兵器を放棄し、世界との通商と約束ごとを履行する場合に達成できることに限界はない。安全と繁栄という輝かしい新時代に自国民を誘う指導者として記憶さるべきチャンスを金委員長は手中にしている！）

・2018年6月12日　We save a fortune by not doing war games, as long as we are negotiating in good faith - which both sides are!（双方が善意と誠意をもって交渉する限りにおいて戦争ゲームを行わないことにより富を無駄に使わずに済む！）

・2018年6月13日　Before taking office people were assuming that we were going to War with North Korea. President Obama said that North Korea was our biggest and most dangerous problem. No longer - sleep well tonight!（私が大統領に就任する前の段階で、みんな北朝鮮との戦争がはじまることを想定していた。『北朝鮮はアメリカの最大かつ最も危険な問題だ』とオバマ大統領は言っていた。北朝鮮はもはや問題ではなくなった。今夜熟睡して貰える。）

・2018年6月17日　Chuck Schumer said "the Summit was what the Texans call all cattle and no hat." Thank you Chuck, but are you sure you got that right? No more nuclear testing or rockets flying all over the place, blew up launch sites. Hostages already back, hero remains coming home & much more!（ニューヨーク州選出民主党シュマー上院議員は『米朝首脳会談はカウボーイハットを被らないで牛を全部捕まえようとしているテキサス男そのものだ』と言った。よくぞ言ってくれた。会談の意味が分かっているのか？核実験あるいは所かまわずロケットが飛ぶ事態はもうなくなり、発射基地は破壊された。人質は帰国したし、戦場に倒れたまま残された英雄の魂は故郷に戻って来る。それだけではないのだ！）

・2018年6月17日　The denuclearization deal with North Korea is being praised and celebrated all over Asia. They are so happy! Over here, in our country, some people would rather see this historic deal fail than give Trump a win, even if it does save potentially millions & millions of lives! （北朝鮮の非核化交渉はアジア全域から賞賛と祝福を受けている。アジア地域は幸いである。それに反してここアメリカではこの歴史的交渉が数百万の人命を救う可能性に繋がるにもかかわらずトランプの勝利よりむしろトランプの失政と評価するものがいる！）

・2018年6月17日　Holding back the "war games" during the negotiations was my request because they are VERY EXPENSIVE and set a bad light during a good faith negotiation. Also, quite provocative. Can start up immediately if talks break down, which I hope will not happen!（交渉継続中の『米韓軍事演習』の中断は私が要請したものだ。演習の実施は多額の費用が掛かり、交渉の誠意を疑わせるような悪い光を当てるからである。極めて挑発的であることもその理由である。交渉が決裂すれば直ちに軍事演習を再開する。それは私の望むところではない！）

・2018年6月17日　Funny how the Fake News, in a coordinated effort with each other, likes to say I gave sooo much to North Korea because I "met." That's because that's all they have to disparage! We got so much for peace in the world, & more is being added in finals. Even got our hostages/remains!（偽ニュースメディアは、ぐるになって『会談』の代償として北朝鮮に余りにも多くのものごとを与えすぎたと言っているのは滑稽だ。偽ニュースメディアは誹謗することが自分たちの役割のすべてと考えているからだ！われわれが世界の平和のために得たものは非常に多い。最終的に得るものはもっと多くなる。その中には残されている人質も含まれる！）

・2018年6月18日　If President Obama（who got nowhere with North Korea and would have had to go to war with many millions of people being killed）had gotten along with North Korea and made the initial steps toward a deal that I have, the Fake News would have named him a national hero!（オバマ大統領の無為無策が続いていれば北朝鮮と会談のきっかけを掴めずに数百万もの人命を死に至らしる戦争以外にとるべき道がなくなっていたであろう。そのオバマ大統領が北朝鮮と会談のきっかけを掴んで私がやった交渉に踏み出していたならば、偽メディアはオバマを国民の英雄と呼んだであろう！）

・2018年7月3日　Many good conversations with North Korea-it is going well! In the meantime, no Rocket Launches or Nuclear Testing in 8 months. All of Asia is thrilled. Only the Opposition Party, which includes the Fake News, is complaining. If not for me, we would now be at War with North Korea! （北朝鮮との間で多くの会話が進められている。ことはうまく運んでいる！これまでのところロケットは発射されていないし、8ヵ月間核実験も行われていない。アジア全体がはらはらして成り行きを見守っている。文句を言っているのは反対政党と偽ニュースメディアだけである。私がいなければ今ごろ北朝鮮と戦争になっていたであろう！）

10. 中国からの圧力から生まれた紆余 曲折と2018年6月12日金正恩書簡

　米中貿易交渉における対中関税政策の効果を確認する7月10日のツイッターの前日に「私は、金正恩委員長がわれわれ2人がサインした契約と、何よりも2人が交わした握手に名誉をかけていると確信している。われわれ2人は北朝鮮の非核化に合意した。一方、アメリカの対中貿易に対する姿勢を理由に、中国は約束の実行に対してマイナスの圧力を行使していると思われる。そうは思いたくない！」というツイッターが投稿された。中国から北朝鮮に対して何らかの圧力が加えられたのであろうか、それを振り払うかのごとき金正恩書簡がトランプ大統領に届けられたことが示された。

　今1点注目されるのは、7月18日のトランプ大統領によって「ロシアは、北朝鮮を督励するとアメリカに約束した。北朝鮮との折衝は急ぐことはなく、制裁は継続される！」というロシアのプーチン大統領の立場が明らかにされたことである。このことは後にプーチン／金正恩ウラジオストック会談で確認された。

　・2018年7月9日　I have confidence that Kim Jong Un will honor the contract we signed &, even more importantly, our handshake. We agreed to the denuclearization of North Korea. China, on the other hand, may be exerting negative pressure on a deal because of our posture on Chinese Trade-Hope Not!（私は、金正恩委員長がわれわれ2人がサインした契約と、何よりも2人が交わした握手に名誉をかけていると確信している。われわれ2人は北朝鮮の非核化に合意した。一方、アメリカの対中貿易に対する姿勢を理由に、中国は約束の実行に対してマイナスの圧力を行使していると思われる。そうは思いたくない！）

・2018年7月13日　A very nice note from Chairman Kim of North Korea. Great progress being made!（北朝鮮の金正恩議長から大変よい手紙が届いた。）

H.E. Donald Trump President United States of America（アメリカ合衆国 大統領 ドナルド・トランプ 閣下）

Your Excellency Mr. President,（大統領 殿 机下）

The significant first meeting with Your Excellency and the joint statement that we signed together in Singapore 24 days ago was indeed the start of a meaningful journey.（貴台との明確な意図を持った第1回会談と24日前に双方が署名した共同声明は意味のある道程の出発点となりました。）

I deeply appreciate the energetic and extraordinary efforts made by Your Excellency Mr. President for the improvement of relations between the two countries and the faithful implementation of the joint statement.（私は、両国間の関係改善と共同声明の誠実な履行に向けた大統領閣下による精力的かつ前例に捉われない努力に心から感謝しています。）

I firmly believe that the strong will, sincere efforts and unique approach of myself and Your Excellency Mr. President aimed at opening up a new future between the DRRK and the U.S. will surely come to fruition.（私は、北朝鮮人民共和国とアメリカ合衆国の未来を切り拓くための私と貴台の強靭な意志と誠実な努力と斬新な取り組みが必ず結実すると確信しています。）

Wishing that the invariable trust and confidence in Your Excellency Mr. President will be further strengthened in the future process of taking practical action. I extend my conviction that the epochal progress in promoting the DPPK-U.S. relations will bring our next meeting forward.（私は、将来具体的行動をとる段階において、貴台に対する全幅の信頼と確信がより一層強められることを願っています。私は、北朝鮮人民共和国とアメリカ合衆国の関係の時代を画する展開がわれわれの次なる会談に繋がるとの確信を申し述べます。）

Kim Jong Un Chairman of the State Affairs Commission Democratic People's Republic of Korea Pyongyang, July 6, 2018（金 正恩 北朝鮮人民民主共和国 国務委員会 議長 ピョンヤンにて2018年7月6日）

・2018年7月16日　There hasn't been a missile or rocket fired in 9 months in North

Korea, there have been no nuclear tests and we got back our hostages. Who knows how it will all turn out in the end, but why isn't the Fake News talking about these wonderful facts? Because it is FAKE NEWS!（北朝鮮ではこの9ヵ月間、ミサイルやロケットは発射されていない。核実験も行われていない。われわれは人質を取り返した。どのような結論に立ち至るか誰にもわからないのだが、偽ニュースはここまでの素晴らしい実績についてなぜ報道しないのか？真実を報道しない偽ニュースだからだ！）

・2018年7月18日　While the NATO meeting in Brussels was an acknowledged triumph, with billions of dollars more being put up by member countries at a faster pace, the meeting with Russia may prove to be, in the long run, an even greater success. Many positive things will come out of that meeting. Russia has agreed to help with North Korea, where relationships with us are very good and the process is moving along. There is no rush, the sanctions remain! Big benefits and exciting future for North Korea at end of process!（ブラッセルにおけるNATOの会合は、数十億ドルもの巨額の経費が早い時期に追加支払われるという点で勝利が不動のものとなったのだが、ロシアとの会合は、長期的観点から、もっと大きな成果が生まれると期待される。米露会談から多くの肯定的なものごとが生まれて来る。アメリカとの関係が良好に推移し交渉が進展している北朝鮮との折衝においてロシアは、北朝鮮を督励するとアメリカに約束した。北朝鮮との折衝は急ぐことはなく、制裁は継続される！折衝の最終段階で北朝鮮にとってメリットの大きいわくわくする未来が生まれて来る！）

・2018年7月23日　A Rocket has not been launched by North Korea in 9 months. Likewise, no Nuclear Tests. Japan is happy, all of Asia is happy. But the Fake News is saying, without ever asking me（always anonymous sources）, that I am angry because it is not going fast enough. Wrong, very happy!（この9ヵ月間北朝鮮からロケットは発射されていない。核実験も行われていない。日本とアジア各国は幸せである。しかし、偽ニュースは、私に直接確かめることなく（匿名の情報として）交渉が早急に進まないことに私が怒りを露わにしていると報道している。間違いである。幸せなことだ！）

・2018年7月28日　The Remains of American Servicemen will soon be leaving North Korea and heading to the United States! After so many years, this will be a great moment for so many families. Thank you to Kim Jong Un. （アメリカ兵の遺骨が間もなく北朝鮮を離れアメリカ合衆国に向かう。今日までの長い期間、多くの家族にとって重篤な瞬間である。金正恩に感謝する。）

・2018年8月2日　Thank you to Chairman Kim Jong Un for keeping your word & starting the process of sending home the remains of our great and beloved missing fallen! I am not at all surprised that you took this kind action. Also, thank you for your nice letter - l look forward to seeing you soon!（戦場で行方不明となり戦死したわが国の兵士の遺骨の返還に着手した金正恩議長の有言実行に感謝する。貴下がこの親切な行為を示したことに私は驚いていない。併せて素晴らしい書簡に感謝する。近い将来再会できることを期待している！）

　何が起こったのか定かではないが、朝鮮戦争で行方不明になったアメリカ兵の軍票など遺品が順調に返還されていた中で、8月24日に「私はポンペイオ国務長官に今回の北朝鮮訪問をキャンセルするよう要請した。朝鮮半島の非核化に十分な進展が見られないと感じられるからである」とツイートされた。
　中国が北朝鮮に対して、対米貿易交渉のカードとして、米朝非核化交渉に待ったを掛ける行動に出たと筆者はスペキュレートしている。米朝国交回復による北朝鮮の中国の桎梏からの脱却戦略を中国が見抜いているからであろう。以下、ツイッターのフォローを続ける。
　　・2018年8月24日　I have asked Secretary of State Mike Pompeo not to go to North Korea, at this time, because I feel we are not making sufficient progress with respect to the denuclearization of the Korean Peninsula.（私はポンペイオ国務長官に今回の北朝鮮訪問をキャンセルするよう要請した。朝鮮半島の非核化に十分な進展が見られないと感じられるからである。）Additionally, because of our much tougher Trading stance with China, I do not believe they are helping with the process of denuclearization as they once were （despite the UN Sanctions which are in place）.（加えて、われわれが対中貿易交渉に一段と厳しい姿勢で臨んでいることを理由に、（国連の制裁が実行中であるにもかかわらず）中国がこれまでのような非核化交渉の側面支援を継続しているとは思われないからである。）Secretary Pompeo looks forward to going to North Korea in the near future, most likely after our Trading relationship with China is resolved. In the meantime I would like to send my warmest

regards and respect to Chairman Kim. I look forward to seeing him soon!（ポンペイ
オ国務長官は、近い将来、おそらく対中貿易交渉が決着後に北朝鮮を訪問するであろ
う。現時点で、私は、もっとも暖かい言葉と敬意を金議長に届けたいと思っている。
私は金議長と近いうちに会談できることを期待している！）

・2018年8月29日　STATEMENT FROM THE WHITE HOUSE（ホワイトハウス声
明）　President Donald J. Trump feels strongly that North Korea is under
tremendous pressure from China because of our major trade disputes with the
Chinese Government.（現地時間8月29日［17：00］に投稿されたホワイトハウス声明
トランプ大統領は北朝鮮が中国から物凄い圧力を受けていると感じている。その理由
は米中貿易交渉にある。）At the same time, we also know that China is providing
North Korea with considerable aid, including money, fuel, fertilizer and various other
commodities. This is not helpful!（アメリカは、同時に、中国が北朝鮮に対して相当
な援助を行なっていることを承知している。援助には、資金、エネルギー、肥料その
他諸物資が含まれる。中国のこの援助はアメリカに対し協力的ではない！）
Nonetheless, the President believes that his relationship with Kim Jong Un is a very
good and warm one, and there is no reason at this time to be spending large amounts
of money on joint U.S.-South Korea war games.（にもかかわらず大統領は金正恩と大
統領の関係は非常によく、かつ、暖かく、現時点で巨額の費用がかかる［米韓合同軍
事演習という］ウオーゲームを行う理由はないと信じている。）Besides, the
President can instantly start the joint exercises again with South Korea, and Japan, if
he so chooses. If he does, they will be far bigger than ever before.（その一方で、大
統領は決断すれば直ちに韓国との合同軍事演習を開始できる。その規模はこれまでに
なかったはるかに大規模なものとなるであろう。その場合、日本の米軍基地も演習に
含まれる。）As for the U.S.–China trade disputes, and other differences, they will be
resolved in time by President Trump and China's great President Xi Jinping. Their
relationship and bond remain very strong.（貿易交渉そのほかに生じている米中間の
議論と見解の相違は、時の経過の中でトランプ大統領と中国の偉大なる習近平主席に
よって解決されるであろう。両者の関係と絆は非常に強く維持されている。）

・2018年9月6日　Kim Jong Un of North Korea proclaims "unwavering faith in
President Trump." Thank you to Chairman Kim. We will get it done together!（北

朝鮮の金正恩は『トランプ大統領に対する揺るぎない信頼』を表明した。金議長に感謝する。手を取り合って約束を実現しよう！）

・2018年9月9日　North Korea has just staged their parade, celebrating 70th anniversary of founding, without the customary display of nuclear missiles. Theme was peace and economic development. "Experts believe that North Korea cut out the nuclear missiles to show President Trump its commitment to denuclearize." @ FoxNews This is a big and very positive statement from North Korea. Thank you To Chairman Kim. We will both prove everyone wrong! There is nothing like good dialogue from two people that like each other! Much better than before I took office.

（北朝鮮は建国70周年記念パレードで恒例の核ミサイルを行進させず、平和と経済開発をテーマに掲げた。以下はFOXニュースの報道：『北朝鮮は核ミサイルを除外することによってトランプ大統領に対して非核化のコミットメントを示そうとしたと専門家は見ている』　これは北朝鮮からの大きくかつ前向きの意思表示である。金議長に感謝。われわれ2人はわれわれ以外のすべての人たちが間違っていることを証明する！互いに好意を持つ2人の問答が一番確かなニュースである！私が大統領に就任する以前に比べ状況は遥かによくなっている。）

　この過程で「2032年のオリンピックを南北朝鮮で共催」という言葉が出た。今から13年後のことで、メディアは一切取り上げなかったが、トランプ大統領は「エキサイティング」と書き留めている。世界が認めれば、南北朝鮮統合の目標となり得ることであるが、今後のことは誰にも分からない。

・2018年9月10日　Kim Jong Un has agreed to allow Nuclear inspections, subject to final negotiations, and to permanently dismantle a test site and launch pad in the presence of international experts. In the meantime there will be no Rocket or Nuclear testing. Hero remains to continue being returned home to the United States. Also, North and South Korea will file a joint bid to host the 2032 Olympics. Very exciting!

（［現地時間9月19日午前1時の投稿］金正恩は最終協議を条件に核査察の受け入れ、核実験場とミサイル発射設備を国際専門家に対して永久に公開することに同意した。当分の間、ミサイルと核実験は行われないであろう。朝鮮戦争で行方不明のアメリカの英雄の送還が引き続き行われる。2032年のオリンピックを南北朝鮮で共催する提案が同時に行われる。エキサイティングである！）

11. ベトナムでの第2回米朝首脳会談に向けて始動

　戦没将兵の遺骨返還が進む中、ポンペイオ国務長官の北朝鮮訪問が実現し、第2回米朝首脳会談に向けた折衝がはじまったことが2018年10月7日のツイッターに出た。中国習近平主席と電話で会談し、対話が復活していることも明らかにされた。12月2日のツイッターで「米中両国間の貿易その他の問題について大規模かつ前向きな変化をもたらし得るのは主席と私を措いて他にない。北朝鮮問題の解決は中国とすべての国にとってその意味は実に大きい」と書き込まれた。

　・2018年9月10日　"North Korea recommits to denuclearization - we've come a long way." （以下はFOXニュースの報道：『北朝鮮は非核化を再度確約した。長い道程がはじまる』）

　・2018年9月20日　Army Master Sgt. Charles H. McDaniel, 32, of Vernon, Indiana, and Army Pfc. William H. Jones, 19, of Nash County, North Carolina, are the first American remains from North Korea to be identified as a result of my Summit with Chairman Kim. These HEROES are home, they may Rest In Peace, and hopefully their families can have closure. （インディアナ州Vernon出身陸軍兵士チャールスマックダニエル曹長（32歳）、ノースカロライナ州Nash County出身陸軍兵士ウイリアムジョーンズ上等兵（19歳）は金議長との首脳会談後に返還された遺骨から最初に身元を確認された戦没将兵である。安らかに憩われんことを。願わくはご家族にも安らかな日々が訪れるように。）

　・2018年10月7日　.@SecPompeo had a good meeting with Chairman Kim today in Pyongyang. Progress made on Singapore Summit Agreements! I look forward to seeing Chairman Kim again, in the near future. （本日、ポンペイオ国務長官の北朝鮮の金正恩議長との会談は良好であった。シンガポール首脳会談の合意事項について前進が見られた！私は金議長と近い将来2回目の首脳会談を心待ちにしている。）

　・2018年11月1日　Just had a long and very good conversation with President Xi Jinping of China. We talked about many subjects, with a heavy emphasis on Trade. Those discussions are moving along nicely with meetings being scheduled at the G-20 in Argentina. Also had good discussion on North Korea!

（中国の習近平主席と友好的に長時間話し合った。話し合いは広範に及び、貿易問題が中心となった。アルゼンチンで開催されるG20における米中首脳会談に向けたよい話し合いとなった。北朝鮮問題についてもよい会談となった。）

・2018年11月13日　The story in the New York Times concerning North Korea developing missile bases is inaccurate. We fully know about the sites being discussed, nothing new - and nothing happening out of the normal. Just more Fake News. I will be the first to let you know if things go bad!（北朝鮮のミサイル発射基地の動向に関するニューヨークタイムズの報道は正確でない。われわれはこの施設の全貌を把握している。新事実は皆無。事態は全く動いていない。最たる偽ニュースだ。事態が悪い方向へ動けばまず私から伝える！）

・2018年12月2日　President Xi and I have a very strong and personal relationship. He and I are the only two people that can bring about massive and very positive change, on trade and far beyond, between our two great Nations. A solution for North Korea is a great thing for China and ALL!（習主席と私は大変強い個人的関係を保っている。米中両国間の貿易その他の問題について大規模かつ前向きな変化をもたらし得るのは主席と私を措いて他にない。北朝鮮問題の解決は中国とすべての国にとってその意味は実に大きい。）

・2018年12月7日　Statement from China: "The teams of both sides are now having smooth communications and good cooperation with each other. We are full of confidence that an agreement can be reached within the next 90 days." I agree!（中国から届いたメッセージ：『両国間の合意事項に関し、円滑な話し合いと良好な協力が行われている。90日以内に合意されることをわれわれは完全に確信している』　その通りだ！）

・2018年12月14日　Many people have asked how we are doing in our negotiations with North Korea - I always reply by saying we are in no hurry, there is wonderful potential for great economic success for that country. Kim Jong Un sees it better than anyone and will fully take advantage of it for his people. We are doing just fine!（北朝鮮との折

衝はどうなっているのかと多くの人から質問を受ける。これに対して、急ぐことはないと答えている。北朝鮮には経済で大成功する潜在力がある。金正恩はそのことを誰よりもよく知っており、人民のために最大限度活用するだろう。両国はうまくことを運んでいる。）

・2018年12月24日　Christmas Eve briefing with my team working on North Korea – Progress being made. Looking forward to my next summit with Chairman Kim!（クリスマスイブに北朝鮮と折衝したチームから報告を受けた。前進している。金正恩議長との第2回会談を心待ちにしている。）

・2018年12月29日　Just had a long and very good call with President Xi of China. Deal is moving along very well. If made, it will be very comprehensive, covering all subjects, areas and points of dispute. Big progress being made!（中国の習近平主席から長時間の内容のある電話がかかってきた。交渉は進展している。合意に至れば、包括的ですべての議題とその範囲と要点をカバーした大いなる進歩が実現する。）

　2019年1月1日には、マスコミの報道として「核兵器を第3者に引き渡す」という信じられない内容がツイートされた。第3者は中国をおいてほかに考えられないと思っている。裏のとれない1マスコミのニュースをツイートするような大統領ではないと私は思っている。併せて、与党共和党のリーダーとの会合についてもツイートされている。以下、ベトナムでの第2回首脳会談に至るまでのツイートの内容は第1回シンガポール会談後の評価に戻っている。

・2019年1月1日　"Kim Jong Un says North Korea will not make or test nuclear weapons, or give them to others - & he is ready to meet President Trump anytime." PBS News Hour. I also look forward to meeting with Chairman Kim who realizes so well that North Korea possesses great economic potential!（傘下に349のTV局を持つ公共放送PBSニュースによると『北朝鮮の金正恩が北朝鮮は核兵器の製造と実験を行わず、第3国に引き渡す。トランプ大統領と会談する準備が整っている』と語っている。私は金正恩議長との会談を心待ちにしている。議長は北朝鮮が偉大なる経済の可能性を秘めていることをよく分かっている！

・2019年1月20日　The Media is not giving us credit for the tremendous progress we have made with North Korea. Think of where we were at the end of the Obama Administration compared to now. Great meeting this week with top Reps. Looking forward to meeting with Chairman Kim at end of February!（メディアは北朝鮮との間に生じた瞠目すべき前進を評価していない。オバマ政権の末期と現在を見比べると一目瞭然である。今週、共和党のリーダーと重要な会議を行う。金議長との2月末の会談が待たれる！）

・2019年1月24日　The Fake News Media loves saying "so little happened at my first summit with Kim Jong Un." Wrong! After 40 years of doing nothing with North Korea but being taken to the cleaners, & with a major war ready to start, in a short 15 months, relationships built, hostages & remains back home where they belong, no more Rockets or M's being fired over Japan or anywhere else and, most importantly, no Nuclear Testing. This is more than has ever been accomplished with North Korea, and the Fake News knows it. I expect another good meeting soon, much potential!（偽ニュースメディアは『金正恩との第1回首脳会談からほとんど何も生まれていない』と好んで言っている。間違いだ！40年間、北朝鮮に対して無為に過ごして、窮地に陥り、戦争の瀬戸際に立たされた中で、15カ月の間に関係を構築し、人質を故郷に帰国させ、日本その他の上空を越えるロケットやミサイルの発射がなく、最も重要なことは、核実験が行われなくなっている。実際はこれ以上のことが行われている。偽ニュースメディアはよく知っている。私は第2回の会談を期待している。可能性は大きい！）

・2019年1月30日　North Korea relationship is best it has ever been with U.S. No testing, getting remains, hostages returned. Decent chance of Denuclearization. Time will tell what will happen with North Korea, but at the end of the previous administration, relationship was horrendous and very bad things were about to happen. Now a whole different story. I look forward to seeing Kim Jong Un shortly. Progress being made-big difference!（北朝鮮の対米関係は最高の状態にある。核・ミサイル実験は行われず、人質が帰国した。非核化のチャンスも現実味がある。時の経過の中で北朝鮮との間で起こることが示される。オバマ政権の末期には両国関係は最悪で、戦争の瀬戸際であった。今やすべてが変化している。私は金正恩との会談を期待

している。進歩が見られる。大違いだ！）

・2019年2月9日　North Korea, under the leadership of Kim Jong Un, will become a great Economic Powerhouse. He may surprise some but he won't surprise me, because I have gotten to know him & fully understand how capable he is. North Korea will become a different kind of Rocket - an Economic one!（金正恩のリーダーシップの下、北朝鮮は偉大な経済の動力源となるだろう。金正恩は人を驚かせるであろうが、私は驚かない。私は金正恩を熟知するに至っており、その非凡な才覚をよく分かっているからである。北朝鮮はこれまでとは異なるロケットとなる。それは経済ロケットである！）

・2019年2月9日　My representatives have just left North Korea after a very productive meeting and an agreed upon time and date for the second Summit with Kim Jong Un. It will take place in Hanoi, Vietnam, on February 27 & 28. I look forward to seeing Chairman Kim & advancing the cause of peace!（私の代表団が今しがた北朝鮮を出発した。金正恩との第2回首脳会談について有益な協議を行い、場所はベトナムのハノイ、日程は2月27・28の両日で合意した。私は金議長と会談し、平和の大義を促進する!）

12. 第2回米朝首脳ベトナム会談

　トランプ大統領は2019年2月24日、全米知事会議を終えた後にベトナムに向かって飛び立った。会談を前にして「中国の習主席はこれまで一貫して北朝鮮金正恩に対する私の会談を支援してくれた。中国にとっての最後の問題は大規模な核兵器が隣国に存在することである。中国とロシアによる北朝鮮国境の制裁は有効であった」と会談に当たって中国とロシアの協力に謝意を表した。

　・2019年2月24日　Meeting for breakfast with our Nation's Governors - then off to Vietnam for a very important Summit with Kim Jong Un. With complete Denuclearization, North Korea will rapidly become an Economic Powerhouse. Without it, just more of the same. Chairman Kim will make a wise decision!（各州知事との朝食会後に金正恩との非常に重要な首脳会談のためベトナムに向けて出発する。完全な

非核化によって北朝鮮は急速な経済成長の原動力となる。それ以外の手段をとる場合、現状は不変である。金議長は賢明な決断を行うだろう！）

・2019年2月24日　Chairman Kim realizes, perhaps better than anyone else, that without nuclear weapons, his country could fast become one of the great economic powers anywhere in the World. Because of its location and people （and him）, it has more potential for rapid growth than any other nation!（北朝鮮の金議長は、核兵器がなくなれば北朝鮮は世界でもっとも偉大な経済力を発揮できるとおそらく誰よりもよく認識しているであろう。地理的位置づけと本人を含めた人的パワーがその理由である。北朝鮮は世界最高大の成長率を記録する潜在力を持っている！）

・2019年2月24日　President Xi of China has been very helpful in his support of my meeting with Kim Jong Un. The last thing China wants are large scale nuclear weapons right next door. Sanctions placed on the border by China and Russia have been very helpful. Great relationship with Chairman Kim!（中国の習主席はこれまで一貫して北朝鮮金正恩に対する私の会談を支援してくれた。中国にとっての最後の問題は大規模な核兵器が隣国に存在することである。中国とロシアによる北朝鮮国境の制裁は有効であった。金議長との関係は大きい！）

　国家経営の軸足を共産主義の計画経済から自由市場経済に切換えて以降のベトナムの繁栄についてツイートし、北朝鮮の将来を展望している。

・2019年2月27日　Vietnam is thriving like few places on earth. North Korea would be the same, and very quickly, if it would denuclearize. The potential is AWESOME, a great opportunity, like almost none other in history, for my friend Kim Jong Un. We will know fairly soon - Very Interesting!（ベトナムはこの地球上繁栄を続けている稀有な場所である。北朝鮮も同じで、非核化すればもっと早く繁栄できる。私の友人である金正恩にとって、その潜在的可能性は恐るべきもので、歴史上滅多に見られたい絶好のチャンスである。われわれはこのことを間もなく知るところとなる。興味津々だ！）

・2019年2月28日　All false reporting （guessing） on my intentions with respect to North Korea. Kim Jong Un and I will try very hard to work something out on

Denuclearization & then making North Korea an Economic Powerhouse. I believe that China, Russia, Japan & South Korea will be very helpful!（北朝鮮に関する私の決意について偽報道（推測）ばかりである。金正恩と私は非核化と北朝鮮経済の動力源化の実現に懸命に努力しようとしている。中国、ロシア、日本、韓国が大いに協力してくれると信じている。）

13.アメリカによるベトナム首脳会談の 一方的打切りとその後の評価

　既報の通り、ベトナムでの第2回米中首脳会談はアメリカによる一方的打切りで幕を閉じた。会談打切りの理由について、北朝鮮の準備不足が指摘されたが、筆者は、北朝鮮がアメリカの国家意志を甘く見た結果だと思っている。

　ベトナムでの第2回首脳会議は打ち切られたが、アメリカの国家意志は変わらないことを示すツイートが続いている。

　・2019年3月1日　Great to be back from Vietnam, an amazing place. We had very substantive negotiations with Kim Jong Un - we know what they want and they know what we must have. Relationship very good, let's see what happens!（ベトナムから帰国した。素晴らしいところだった。金正恩と突っ込んだ話し合いができた。われわれは北朝鮮が何を望んでいるかを知るところとなった。北朝鮮もわれわれが得なければならないことを知るところとなった。双方の関係は大変良好である。何が起こるか見よう！）

　・2019年3月22日　It was announced today by the U.S. Treasury that additional large scale Sanctions would be added to those already existing Sanctions on North Korea. I have today ordered the withdrawal of those additional Sanctions!（財務省から北朝鮮に対して大規模な追加制裁が発表されることになっているが、本日、私は追加制裁の撤回を命じた！）

　・2019年4月13日　I agree with Kim Jong Un of North Korea that our personal relationship remains very good, perhaps the term excellent would be even more accurate, and that a third Summit would be good in that we fully understand where we each stand. North Korea has tremendous potential for extraordinary growth, economic success and riches under the leadership of Chairman Kim. I look forward to the day, which could be soon, when Nuclear Weapons and Sanctions can be removed, and then watching North Korea become one of the most successful nations of the World! (私は、北朝鮮の金正恩が私との個人的関係は大変よい、むしろ素晴らしいと言っているのに異論はない。また、第3回首脳会談が双方の立ち位置を完全に理解するよい機会となることに異論はない。北朝鮮は金正恩のリーダーシップのもとで想像以上の潜在力と驚異的経済成長と経済的成功と豊かさを生み出すことができる。私は非核化と制裁の解除が実行されれば早い時期にその日が来ると期待している。その時、北朝鮮は世界で最も成功した国になるであろう！）

・2019年5月4日　Anything in this very interesting world is possible, but I believe that Kim Jong Un fully realizes the great economic potential of North Korea, & will do nothing to interfere or end it. He also knows that I am with him & does not want to break his promise to me. Deal will happen! (この何でも起こりえる興味深い世界で、金正恩が北朝鮮の巨大な経済的潜在力を全面的に認識し、自らその潜在力を抑止あるいは無にすることはないと私は確信している。金正恩は私が金正恩の考えの理解者であることを承知しており、本人が私との約束を破談にすることを望んでいないことをよく承知している。ディールがはじまる！）

・2019年5月26日　North Korea fired off some small weapons, which disturbed some of my people, and others, but not me. I have confidence that Chairman Kim will keep his promise to me, & also smiled when he called Swampman Joe Biden a low IQ individual, & worse. Perhaps that's sending me a signal? (北朝鮮は小型のミサイルを発射した。アメリカそのほかの関係者を困惑させているが、私は何とも思っていない。金委員長は私との約束を守るであろうこと、および、バイデン元副大統領を知能指数の低い男と言って微笑んだ時の心証を確信している。微笑みは私へのシグナルであったのだろう。）

14.トランプ大統領による第3回 首脳会談の奇襲と金委員長の応諾

　トランプ大統領は大阪で開催されたG20に出席し、習近平中国主席と会談を行なった後、韓国を経由して帰国の途に就いたが、6月29日午前8時に「北朝鮮の金委員長がこのツイートを見たなら、私は韓国滞在中に38度線で本人と握手して『ハロー（？）』というであろう！」とツイートした。ベトナム会談で国家意志が揺らいでいると読み取った後、その後の検討結果を引き出すための巧妙な奇襲作戦で、筆者は「金委員長は応じないわけには行かない！今回も目玉が揺らいでいると読み取られたら、米朝会談は終わる。38度線に出向かなかった場合も同様である」と奇襲作戦の意図をスペキュレートした。こうして第3回米朝首脳会談が実現した。

　・日中日本時間2019年6月29日午前8時　After some very important meetings, including my meeting with President Xi of China, I will be leaving Japan for South Korea （with President Moon）. While there, if Chairman Kim of North Korea sees this, I would meet him at the Border/DMZ just to shake his hand and say Hello（？）！

　（習中国主席との会談ほか多くの非常に重要な会談を終えた後、私は日本から（文韓国大統領とともに）韓国に向かう。北朝鮮の金委員長がこのツイートを見たなら、私は韓国滞在中に38度線で本人と握手して『ハロー（？）』というであろう！）

　筆者は、Hillsニュースの映像で次の内容を確認した。

　現地時間午後3時45分に38度線まで出向いてきた金委員長とコンクリートの標識を挟んで握手の後、15歩ほど北朝鮮に入り、再び握手。2人で戻ってくる45秒の映像。会談時間は50分。指定されたメンバーによる核廃棄交渉再開を合意。『現実的、包括的で内容のある合意（really complehensive, good deal）』ができるかどうかが問題と大統領発言。金委員長発言『再会できて幸い。ここで会えるとは全く考えていなかった（Good to see you again, I never expected to see you in this place.）』（通訳による）。

15. ボルトン補佐官更迭とオブライエン補佐官任命

　その後、トランプ大統領の注意深い楽観論を思わせるツイートが続いたが、2019年9月11日にボルトン大統領補佐官の更迭が、続いて9月19日にオブライエン補佐官の任命が発表された。ボルトン補佐官は『リビア方式』をベトナム会談で持ち出したとマスコミで報道された。新任のオブライエン補佐官については、北朝鮮からの人質の奪還など厳しい交渉を共にして来たことがツイートされた。

　・2019年6月30日　Leaving South Korea after a wonderful meeting with Chairman Kim Jong Un. Stood on the soil of North Korea, an important statement for all, and a great honor!（北朝鮮金正恩委員長との素晴らしい会談を終え韓国を後にする。北朝鮮の土を踏んだ。すべての人にとって重要な意味がある。大いなる栄誉である！）

　・2019年7月1日　It was great being with Chairman Kim Jong Un of North Korea this weekend. We had a great meeting, he looked really well and very healthy - I look forward to seeing him again soon. In the meantime, our teams will be meeting to work on some solutions to very long term and persistent problems. No rush, but I am sure we will ultimately get there!（週末に北朝鮮金正恩委員長と出会えてよかった。会談は成功だった。委員長は元気で、非常に健康に見えた。委員長に近く再会することを期待している。アメリカの代表団が近いうちに長期にわたって持続する諸問題について解決策を見出すべく北朝鮮と会談する。結論を急がないが、しかるべき結論に到達すると確信している！）

　・2019年7月1日　"In my opinion the President has done more good on the Korean issue in the last year and a half than President Obama did in eight years. If you look at the strides they made during the Obama years, which advocated strategic patience-they stuck their head in the sand. This is why President Trump has to deal with North Korea the way it is now. He had to figure out what to do with the Korea mess. I think this is why the President deserves a lot of credit." Harry Kazianis, Center for the National Interest. Thank you!（以下は朝鮮問題研究所ハリーカジアニス所長の見解：『私の見るところ、トランプ大統領は就任1年半の間に朝鮮半島問題に

ついてオバマ大統領の8年を上回る成果をあげている。戦略的忍耐を標榜したオバマ政権は砂に頭を埋めたまま8年間を過ごした。これがトランプ政権が現在の対北朝鮮対応を必要とした理由である。朝鮮半島情勢への対応を余儀なくされたのだ。トランプ大統領は大いに評価されるべきである』　所長に感謝！）

・2019年8月3日　Kim Jong Un and North Korea tested 3 short range missiles over the last number of days. These missiles tests are not a violation of our signed Singapore agreement, nor was there discussion of short range missiles when we shook hands.（ここ数日の間に金正恩と北朝鮮は短距離ミサイルを3回発射した。これはシンガポール合意の違反ではなく、また、われわれが握手した際に短距離ミサイルについて話し合っていたわけではない。）There may be a United Nations violation, but Chairman Kim does not want to disappoint me with a violation of trust, there is far too much for North Korea to gain - the potential as a Country, under Kim Jong Un's leadership, is unlimited.（国連決議に違反の可能性はあるが、金委員長は私との約束を破って私を失望させようとはしていない。北朝鮮にとって得るところが極めて大きい。金正恩のリーダーシップの下でこの国が潜在力は無限である。）Also, there is far too much to lose. I may be wrong, but I believe that Chairman Kim has a great and beautiful vision for his country, and only the United States, with me as President, can make that vision come true. He will do the right thing because he is far too smart not to, and he does not want to disappoint his friend, President Trump!（反面、北朝鮮は失うものが膨大であることも事実である。私の考えは（これまでの常識には合わないという意味で）間違っているかもしれないが、私は、金正恩委員長が国の将来について偉大でかつ見事なビジョンを持っており、このビジョンを実現できるのはトランプ大統領のアメリカだけだということを理解している。委員長はスマートな男で間違っていない。友人であるトランプ大統領を失望させるようなことはしない！）

・2019年8月10日　In a letter to me sent by Kim Jong Un, he stated, very nicely, that he would like to meet and start negotiations as soon as the joint U.S./South Korea joint exercise are over. It was a long letter, much of it complaining about the ridiculous and expensive exercises.（金正恩から手紙が来た。その中で米韓合同軍事演習終了後できるだけ早い機会に会談したいと言っている。手紙は長文で、無意味で、経費が嵩む軍事演習についての不満が述べられている。）It was also a small apology for testing the short range missiles, and that this testing would stop when the exercises end. I look forward to seeing Kim Jong Un in the not too distant future! A nuclear free North Korea will lead to one of the most successful countries in the world!（短距離ミサイル発射について少し陳謝し、軍事演習が終わればミサイルのテストを中止するとしている。そう遠くない将来に金正恩との会談を期待している！非核化された北朝鮮は世界で最も成功する国への一歩となる！）

・2019年9月11日　I informed John Bolton last night that his services are no longer needed at the White House. I disagreed strongly with many of his suggestions, as did others in the Administration, and therefore I asked John for his resignation, which was given to me this morning. I thank John very much for his service. I will be naming a new National Security Advisor next week.（昨晩、John Bolton特別補佐官にホワイトハウスはこれ以上補佐を必要としないと通達した。政権内部のスタッフと同様、私は補佐官のアドバイスの多くを強く拒否し、補佐官に辞任を求めた。今朝、辞表を受けた。補佐官に感謝する。来週、新補佐官を任命する。）

・2019年9月19日　I am pleased to announce that I will name Robert C. O'Brien, currently serving as the very successful Special Presidential Envoy for Hostage Affairs at the State Department, as our new National Security Advisor. I have worked long & hard with Robert. He will do a great job!（大統領特別補佐官の後任にロバートオブライエン国務省人質対策特別補佐官を任命する。本人と長い間厳しい仕事を共にして来た。活躍を期待している。）

　9月19日にオブライエン補佐官が任命された後、大統領のツイッターへの投稿が途絶えていたが、韓国が北朝鮮の観光地金剛山に建設した白亜の観光施設の撤去を金正恩が命じたとの報道があった。

16.北朝鮮国連大使の発言に対するトランプ大統領ツイッター

アメリカから柔軟な対応を引き出そうとして北朝鮮が一方的に設定した年内ア

メリカの対応を求めた期限が迫る中、12月7日（土）に北朝鮮国連大使が「非核化はアメリカとの交渉のテーブルから取り下げられた」と語ったとロイター通信が報じた後、トランプ大統領は「シンガポール会談での非核化の約束が交渉前進の前提」とのアメリカの立場を素早くツイートした。

　　・2019年12月7日　Kim Jong Un is too smart and has far too much to lose, everything actually, if he acts in a hostile way. He signed a strong Denuclearization Agreement with me in Singapore. He does not want to void his special relationship with the President of the United States or interfere with the U.S. Presidential Election in November. North Korea, under the leadership of Kim Jong Un, has tremendous economic potential, but it must denuclearize as promised. NATO, China, Russia, Japan, and the entire world is unified on this issue!（金正恩は非常に賢明で、敵対行動に出れば何もかもを実際に失ってしまうことになる。シンガポールで私との間で強力な非核化合意を交わしている。本人はアメリカ合衆国大統領の特別な関係を無効にする、あるいは、来年11月の大統領選挙を妨害することを望んでいない。北朝鮮は金正恩の指導下で途方もない経済発展力を持っているが、そのためには非核化せねばならない。NATO諸国、中国、ロシア、日本および世界各国は北朝鮮の非核化について一致している。

　トランプ大統領は『Kim Jong Un』と『North Korea』を使い分けている。トランプ大統領が言う『金正恩』とは、非核化を断行し、北朝鮮の途方もない経済発展力の実現に取り組む国家の指導者を意味し、『北朝鮮』とは世界の共産革命を夢に描いた共産主義ソ連を後ろ盾にして韓国に侵攻した「共産主義北朝鮮とその体制」を意味すると筆者は読み取っている。

　北朝鮮の新時代を切り開こうとする指導者とすでに崩壊したソ連型共産主義体制に活路を求める指導者との鬩ぎ合いが北朝鮮からのメッセージに現れている。トランプ大統領は「NATO諸国、中国、ロシア、日本および世界各国は北朝鮮の非核化について一致している」と明記し、「共産主義北朝鮮とその体制」の克服を求めている。アメリカの国家意志は微動だにしていない。

　事態がトランプ大統領が目差すBUSINESS AS USUALのシナリオに向かって動くのか、SURPRISE FREEの混乱のシナリオに向かうのか、だれにも分からないが、筆者は「騙すな！騙されるな！」という明治生まれの東レのCEOの言葉とハーマンカーンのCAUTIOUS OPTIMISMを信じている。

第3部　完

第4部
第2次世界大戦後の
世界平和の基礎は
マンメイドマネー!

　20世紀後半から現在に至る世界平和は、第2次世界大戦後のIMF体制、すなわち、ドルだけがゴールドと交換可能とされた疑似マンメイドマネー体制がニクソンショック、プラザ合意、ブラックマンデー、リーマンショックを経て事実上のドル本位体制にたどり着く中で辛うじて維持されてきた。

　この間、1971年のニクソンイニシアティブが1978年の米中国交正常化に結実し、その1年後に中国が中ソ同盟条約を廃棄した経緯および国家の経済運営の軸足を計画経済から自由市場経済に切換えた後、1990年に350億ドルであった中国の外貨準備が2013年に3.9兆ドルへロケットの航跡のごとく急増した経緯と中国がアメリカに次ぐ世界第2位の経済大国となった経緯を確認し、トランプ大統領の立ち位置を確認した。

1. ニクソンショック⇒プラザ合意⇒ブラックマンデー ⇒リーマンショック⇒事実上のドル本位制

　第2次世界大戦は1945年5月のドイツナチスの無条件降伏と8月の日本のポツダム宣言受諾によって終結した。その6年後の1951年に、1942年版のアメリカ海軍大学教科書の "SOUND MILITARY DECISION" が「Wars come and go.」と書いていたことが現実に起こった。共産主義ソ連を後盾にした北朝鮮による韓国への侵攻すなわち朝鮮戦争の勃発である。その後も限定戦争は起こったが、宇宙船地球号は、核兵器による恐怖の均衡の中で、20世紀後半から21世紀の第1四半世紀まで、世界戦争のない『グローバルピースの時代』を過ごしている。

　ウイキペディアに掲載されている長崎大学核兵器廃絶研究センターのデーターによると、2019年6月1日現在の核弾頭保有国は9ヵ国、その数は軍用合計 〜 9,325発（ロシア4,350、アメリカ3,800、フランス300、中国290、英国215、パキスタン〜150、インド〜130、イスラエル80、北朝鮮20〜30）とされている。北朝鮮が保有する核弾頭の破壊力は広島の500倍という数字さえ出ている。

　世界は、2度の世界大戦が起こった20世紀前半に比べ、4分の3世紀にわたる『世界平和の時代』を享受している。

　人類がゴールドの呪縛から解放される道を歩み、ゴールドの呪縛から自らを開放しない限り戦争の惨禍から免れ得ないことを身体で理解し、世界のリーダーが懸命にドルを支えたためと筆者は考えている。具体的に言えば、世界経済システムがゴールドスタンダードシステムから離脱し、事実上のドル本位制というマンメイドマネーシステムへ移行したためである。さらに具体的に言えば、1971年のニクソンショック、1985年のプラザ合意、1987年のブラックマンデー、2008年のリーマンショックを克服して、IMFによるしなやかな復元力を内蔵した『QUASI（疑似）MAN MADE MONEY システム』を経由して事実上のドル本位システムに移行し、SDRではなくプリンテッドマネーの印刷によって『100年に1度の世界不況を乗り切った』ためである。

　第4部は、戦後世界がどのようなプロセスを経て金本位制度の呪縛からマンメイドマネーであるドルを事実上の基軸通貨とするプラネットアース、すなわち、宇宙船地球号の現在にたどり着いたかの検証である。

2.IMFによる『QUASI MAN MADE MONEY体制』とSDRの発行

　第2次世界大戦の勝敗の帰趨が明らかになった1944年7月にアメリカのニューハンプシャー州ブレトンウッズで、国際通貨制度を議論する国際会議が開催され、1945年12月に International Monetary Fund（IMF：国際通貨基金）と IBRD（国際復興開発銀行）が発足し、IMF が1947年3月に業務を開始した。

　IMF 体制は、為替切り下げ競争による近隣窮乏化政策への反省に立って、為替レートを固定し、為替レートの切り下げが必要とされる事態が生じた国は IMF から支援を受けて国際収支を立て直し、固定相場を維持するという枠組みである。

　世界各国の為替レートは、アメリカのドルだけが1トロイオンス＝35ドルでゴールドと交換され、その他の主要通貨は、英ポンドは1ドル＝2.8ポンド、円は1ドル＝360円、マルクは1ドル＝4マルク（1ポンド＝1,008円、1マルク＝90円）という形でドルにリンクすることになった。固定為替レートである。

　この制度は、巷間、ドルを胴元とする金為替本位制度と言われた。国際通貨の信用の基礎はやはりゴールドでなければならないというゴールドの呪縛から抜けられないネーミングで、『疑似（QUASI）金本位制度』というのがその実態であったが、ゴールドの呪縛から解き放たれる第1歩となったネーミングである。世界は『QUASI GOLD STANDARD SYSTEM』とは書かなかった。

　交換レートが決まったことによって世界は戦後復興に動き出すことができた。アメリカに集中したゴールド、あるいは、アメリカの経済システムによって購買力を担保されたドルを海外に流出させる第1歩としてまず行われたのは、ヨーロッパ諸国に対するマーシャルプランによる復興援助、わが国に対するガリオワエロワ援助であった。

　戦後の世界経済において、対米貿易黒字はあたかも金本位制時代における金鉱発見のごとき役割を果たした。アメリカからの海外投資も同様の役割を果たした。

　しかしながら、各国の経済復興が進み、各国の経済システムからグッズ（G）・サービス（S）・インフォメーション（I）が生み出され、それぞれの国の通貨が購買力を持つようになるにつれてマクロ経済の分数の分母が肥大化するのと並行して分子も増加しなければならないというニーズ、すなわち、成長通貨供給の問題

が生まれた。

　成長通貨の供給が首尾よく行われないとマクロ経済全体にデフレ圧力が加わり、1930年代のPOVERTY IN THE MIDST OF PLENTY（豊富の中の貧困）の悪夢が再現する。成長通貨の供給は、経済活動を経済学のゲームの理論が教える『プラスサムゲーム』にするための基本中の基本である。

　ヨーロッパと日本の復興がさらに進み、経済水準が戦前のそれを上回るようになると、アメリカからのドルの流出は必要なのだが、ゴールドと交換されるが故にドルを受け入れているのであって、アメリカの手元のゴールドがなくならないうちにドルをゴールドと交換しようという動きがヨーロッパの国に現れた。ドル不安である。

　『国際通貨の歩み』嶋 平三郎著 165ページに「1967年末でみて、アメリカの金準備はわずか120億ドルであるのに対し、各国保有の公的ドル残高は156億ドル、さらに、直ちにこの公的債務に切り替わる可能性のある海外民間流動性ドル債務は174億ドルとなっており、ドルの金交換は事実上不可能であった」と記録されている。

　ゴールドと交換されないアメリカの国内通貨であるドルがゴールドによる担保なしで外国に受け入れられるということは『アメリカが打出の小槌を手にしている』ことを諸外国が認めたのと変わらない。金本位制度の下では、打出の小槌を持っていたのは宇宙船地球号で、南アフリカ、時にはアメリカ（カリフォルニア）やブラジルなど金鉱山に恵まれた国が打出の小槌を手にした時があったが、長続きすることはなかった。ゴールドの供給量が限られていたからである。

　戦後の世界経済全体の成長通貨の供給、有体に言えば、打出の小槌を誰の手にゆだねるか、アメリカにゆだねるのは納得できないというので、ゴールドでもない、ドルでもないSDR（特別引出権）という『帳簿上の国際通貨』が1967年にIMFに創設された。
　SDRは主要5ヵ国の通貨の価値をそれぞれの国の貿易額で加重平均する形で定義された。その発行額はIMFの『INTERNATIONAL FINANCIAL STATISTICS』（写真左）その他のデーターによると、1970年1月に34.1億SDR（1SDR＝1ドル）、2016年3月時点で2,041億SDR（約2,850億ドル、1SDR=1.415ドル）に過ぎず、各国の通貨の購買力を示す尺度としての役割は果たしたものの決済通貨あるいは準備通貨としての役割は全く果たせなかった。ファシリティーがなく、使いたくても使えなかったからである。

3.1971年のドルの金兌換停止と
1972年のシカゴ商品取引所へのドル上場
および1973年の変動相場制移行

　1971年8月15日、突然、アメリカのニクソン大統領によってドルの金兌換停止が発表された。各国の為替市場が一斉に閉鎖されたが、わが国では『円の中心角は360度というユークリッド幾何学の公理』を信じた輸出手形保有者を救済するために取引が続けられたと記憶している。

　当時、フランスのドゴール大統領がフランス所有の60億ドルをゴールドと交換するようアメリカに求めていると言われていたが、「1971年8月13日にイングランド銀行からドルの切り下げをしないとの確約を求めて来たのに対してアメリカが拒否したところ、英国所有の30億ドルをゴールドに交換するよう申し出て来た」とピエールリンフレー（Pierre Rinfret）ニクソン大統領の特別顧問が1973年に日本で語ったことを筆者は社内に報告している。ニクソンショックは間一髪で世界経済の危機を避ける措置であったのだ。ドルは脆弱であったのだ。

　ドルは、ゴールドとの交換レートが決まらない状況がしばらく続いた後、同年12月に1トロイオンス＝35ドルから38ドルへ16.88％切り下げられた。円との関係では1米ドル＝308円±2.25％へ14.5％の切り下げとなった。

　固定相場制の崩壊によって為替リスクが発生した。ドルに対する主要国の固定為替レートが切り上げられたり、切り下げられたり、通貨不安が繰り返し発生する中、1973年2月に完全な変動為替相場制度へ移行した。

　『事実上のドル本位制度』のはじまりである。変動相場制への移行の結果、われわれは、1国の通貨であるドルを、多くの問題があるのを承知の上で、基軸通貨として受け入れざるを得なくなった。

　ドルを基軸通貨として受け入れるということは何を意味するか。『頭の中では反対だけれども、現実の経済を生きていく上で、打出の小槌をアメリカに与えることを世界が身体で理解した』と筆者はその意味を理解した。

　打出の小槌から打ち出されるドルの値打ちをどのように評価するか。世界は変動相場制移行に先立ちSDRという尺度を創出していたが、SDRはドルを含む主要5ヵ国の為替レートを貿易金額によって加重平均した尺度であったが故に、恰も伸び縮みするゴム紐で長さを測定するような自己矛盾を内包していた。

この自己矛盾を解決する仕組みが実現した。1971年8月のニクソンショックと1973年2月の変動相場制移行の間の1972年1月にシカゴのマーカンタイルエクスチェンジに世界7ヵ国の通貨の先物が上場された。ノーベル経済学賞に値するイノベーションと思ったものである。

アメリカが打出の小槌を振るのを認めざるを得ないものにとって、ゴールドの力に依存できない事態を迎えてドルの専横から如何に身を護るか、『自らのスペキュレーション、すなわち、事実によって証明できない見解によってわが身を守る』以外になくなったのである。

ドルをあたかも小麦やトウモロコシのような商品に見立てて、シカゴの商品取引所に上場する試みは、ナチスによるユダヤ人迫害を逃れて日本を経由してアメリカに渡ったシカゴマーカンタイルエクスチェンジのレオメラメッド（Leo Melamed）名誉会長によって行われた。

メラメッド名誉会長は本件提案を実行するに当たり、シカゴ大学のミルトンフリードマン（Milton Friedman）教授に10ページほどの小論の寄稿を要請、フリードマン教授が1971年12月20日に"THE NEED FOR FUTURES MARKETS IN CURRENCIES"を著したことは特筆されることであった。この小論文にメラ

メッド名誉会長が寸志を用意したとの記事があったように思うが思い出せない。

『入門金融先物取引』（写真左：本田敬吉、M・フルシャー、清水康雄 毎日新聞社 1989年）によると、「この小論文の趣旨は、世界の主要通貨の交換相場が自由に変動していく時代に入った以上、外国取引が支障なく行われるためには、そのような為替相場の変動リスクをヘッジできるような通貨の先物市場がぜひとも必要であるということでした。当時ロンドンやニューヨークの金融の中心地には、為替予約市場が存在していたのですが、あくまでも銀行経由の相対（あいたい）取引であることもあって、市場としての弾力性、あるいは幅の広さ、奥行きの深さといった点でいくつかの欠点をもっていたわけです。また、本当に満足すべき通貨の先物市場というものは、貿易取引、資本取引といった外国取引の関係する当業者によるヘッジだけに依存するのでは充分ではないとミルトン・フリードマン教授は述べたわけです。先物市場が充分に利用できるためには、ヘッジの目的のためだけの売買だけではない、つまり、

ヘッジャーだけではなく、自らあえてリスク（ポジション）をとる投機家すなわちスペキュレーターの存在が必要で、その活動が大きくなるほど市場は望ましい状態を現出します。そして、実際の需要を持った業者たちは、その結果むしろ低いコストで簡単にヘッジできるようになります。またその結果、市場の価格の動きも、きめ細かくなり、たとえ大規模な売買が入ってきたとしてもそのために市場価格が著しく影響を受け、大きくゆがんだりすることが少なくなるという考えに基づいているわけです」（23ページ）と紹介されている。

　ありがたいことにこのフリードマン論文はインターネットで検索すればすぐ読むことができる。（https://papers.ssrn.com/sol3/papers.cfm?abstract_id=2251345）

　今日、為替の先物取引が一般投資家の間に広がり、誰でも何時でも何処でもドルに対するスペキュレーションによってドルの専横から自分の資産を護ることができるようになっている。

　この機会に、メラメッド名誉会長による本書の推薦文の一部を紹介する。

　「1972年に生まれた金融先物取引のアイディアは、過去150年にわたって農業の分野で享受されてきた投資とリスク移転の機会を金融の世界にも提供しようということだったのです。しかしよいアイディアが多くの場合がそうであるように利点がただちに世界的に認められたわけではなかったのです。・・・トーマス・エジソンの言葉から拝借すれば、『IMMは汗とひらめきからうまれた』のです。・・・1650年頃、日本中から大阪に参集した商人が、運河沿いに倉庫を建設し、出身地の産地米を先物取引することにより、最初の中央先物市場を誕生させました。このたび日本に里帰りした先物市場は祖先が発明した先物市場とはいくらか形を変えていますが、その基本目的は3世紀前のものと同じです。すなわち先物リスクをかかえている事業家にリスク・ヘッジの機会を提供することです。」

　『SELF DEFEATED PROPHECY』（自己敗北的予言）という考え方をハーマンカーンが述べていたことも付記しておきたいと思う。『本当に正しい予測はその実現を恐れる、あるいは、その実現を歓迎する人たちによる対応行動を呼び起こすが故に実現しない』という意味で語っていたと記憶している。スペキュレーションは一筋縄ではない。100％自己責任で行われなければならない。（閑話休題）

4.1985年のプラザ合意と
『事実上のドル本位制』始動

この図は Pwalker.jp/rekishi .htm による1971年から2016年までの円／ドルレートの推移である。

打出の小槌を振ることを一旦覚えたものは勤倹節約と勤勉を失う。アメリカも例外ではなかった。「働かざる者食うべからず」というビジネスディシプリンの根幹が揺らぐからである。

1970年代の後半に石油価格の暴騰によってアメリカではインフレが進行し、ドルレートが300円から180円見当まで下落、これを食い止めようとして高金利政策が行われ、アメリカの公定歩合が10%に達することがあった。この高金利に誘われて一気にドルが180円から240円までドル高に反転、ドル高ゆえの輸出減少と輸入増加という悪循環がアメリカで発生した。

この悪循環を打開するために、レーガン政権2期目の1985年9月にプラザ合意が成立、ドルは240円水準から一気に120円見当にまでドル安が進んだ。

プラザ合意は、金本位制時代のゴールドの位置に事実上ドルが立たされていたにも拘わらずそれにふさわしいディシプリン（思考方法と行動の訓練）を持ち得なかったアメリカに対して、ヨーロッパと日本が百歩譲って、為替レートを人為的に誘導した事態であったと筆者は考えている。プラザ合意は、『為替相場は需給関

係で決まるという変動相場制度の根本理念の変質』、端的に言えば『ドル基軸通貨体制』、さらに言えば『印刷されたマンメイドマネー体制』に向かって歴史が『ポイントオブノーリターン』を踏み越え時であった。

事実上のドル本位制に対するアメリカの自意識の薄さを筆者は "MADE IN AMERICA" の143ページの次の文章に見出している。

When the West German economy was being reconstructed after the war, a common slogan was "Exportieren oder Sterben!". The U.S. economy, because of its large scale and natural diversity, is not in quite the same fix. "Export or see your relative standard of living diminish" is not a slogan to set anyone's heart on fire, but it expresses the truth.

その主旨は、敗戦国ドイツは "Exportieren oder Sterben!"、すなわち、「輸出かさもなければ死か」を国家的スローガンに掲げて戦後の復興に取り組んだのに対して、アメリカは "Export or see your relative standard of living diminish"、すなわち、「輸出しなくても印刷したドルで支払えるので貿易は赤字になるが死ぬことはない。だからドル安が進む。ドル安によって輸入品価格が上昇するのでアメリカの生活水準が相対的に低下する」と述べただけであった。『印刷したドルで石油が買えるのはアメリカ経済の規模とその多様性の故であって、基軸通貨国としての責任感、事実上のドル本位制度への責任感、さらに言えば、レストオブザワールドが基軸通貨国に求める覚悟の程』は読み取れなかったのである。

共産主義ソ連崩壊後にロシアがルーブルで石油を買おうとしたが、産油国は売ってくれなかったという報道があったと記憶している。その後ロシアに石油と天然ガス資源が発見され、ロシアはエネルギーを確保し、パイプラインでドイツに天然ガスを輸出し、外貨を獲得している。閑話休題。

その一方で "MADE IN AMERICA" は「新しい産業国家アメリカはアメリカ本来の強さはもちろん海外で生み出された最高のアイディアと技術革新をアメリカのために活用できる」("A vision of new industrial America, a nation equipped to exploit the best ideas and innovation from abroad as well as its own inherent strengths.")（序文9ページ）と述べている。北米進出に尻込みしていたトヨタをしてジャストインタイム方式を NUMMI という合弁会社を設立してアメリカにトランスプラントさせたことを筆者は忘れていない。その一方でインターネットを開発したのがアメリカであることも忘れていない。

歴史を論じる際に『もしあの時こうだったら』という論議は無意味とされるが『もし、ヨーロッパと日本がアメリカが打出の小槌を振ることを認めなかったならば世界はどうなっていたか』考えるのは意味があると筆者は考える。

戦後の日本で『新円切り替え』が行われた。アメリカが打出の小槌を振れなくなったという状況を『アメリカで新ドルが発行され、アメリカの対外決済はゴールドか外国通貨か外国が新ドルとの交換に応じてくれた旧ドル以外は認められない』という事態が生まれたと想定すると分かり易いと筆者は考えている。アメリ

カは目の色を変えて輸出に取り組まざるを得なくなる。自動車や鉄鋼が役に立つ筈はなかった。筆者はアメリカが農産品と畜産品の輸出に取り組むのが手っ取り早い対応となったと考えている。その結果、ヨーロッパと日本の農業と畜産業は大打撃を受けたであろうと思っている。

ヨーロッパと日本が百歩譲ってアメリカに打出の小槌を振り続けることを認めたのは世界恐慌から世界戦争への道を防ぐ結果に繋がったと考えている。百歩譲ってという心のうちは『平和のための臥薪嘗胆』であったのだ。

5.1987年のブラックマンデー
── ドル紙幣印刷によるアメリカの経済恐慌の阻止

1987年10月19日にニューヨーク株式市場のダウ平均が一夜にして2,246ドルから1,738ドルへ、額にして 508ドル、率にして22.6％も大暴落した。1929年10月24日の暗黒の木曜日の下落率12％を超える暴落であった。

この時ニューヨークタイムズは市中銀行の頭取の言葉を引用して次のように報道した。

「信用不安を懸念して融資の引き揚げに動く銀行があった。融資の引き揚げが長く続けば証券取引の仕組みが（チェルノブイリ原発のように）メルトダウンする事態が現実に起こったであろう。喉から手が出るほど必要とされた資金は突然の政府の介入によって急遽供給され、事なきを得た。ニューヨーク連邦準備銀行から市中銀行に対して『証券業界に必要な資金を供給して欲しい。その代わり中央銀行からより多くの資金を銀行業界に供給する』という要請が背後で行われた。その結果、シティーコープ銀行の証券業界への融資は普段の2〜4億ドルの水準から14億ドルに跳ね上がった」（The banks reduced their lines of credit in some instances. Had that financing being halted long enough, the real "meltdown" might have occurred. The market's desperate need for money was resolved by ad hoc Government intervention. Behind the scenes, the Federal Reserve Bank of New York stepped in to urge commercial bankers to provide financing to stockbrokers and market makers. In return, the Federal Reserve pumped more money into the banking system. John S. Reed, the chairman of Citicorp, has been quoted as saying that his bank's lending to securities firms soared to $1.4 billion on Oct. 20, from a more normal level of $200 to $400 million, after he received a   telephone call from

E. Gerald Corrigan, president of New York Federal Reserve Bank.The emergency efforts worked in the end. Now thought is being given to making this ad hoc structure more permanent. (The New York Times Dec.14 1987, D6　Seeking Stronger Safety Net for Nation's Financial System.)

　筆者は、この時に、アメリカのドルの印刷機がフル回転し、マンメイドマネーによるアメリカ経済のメルトダウンすなわち経済恐慌が阻止されたと考えている。

　ドル本位制度が20世紀後半から21世紀にかけての世界平和の基礎という実態をビジュアルに見せつけた時であった。

6.2008年のリーマンショック　― 米・欧・日の 紙幣印刷による100年に1度の世界恐慌回避

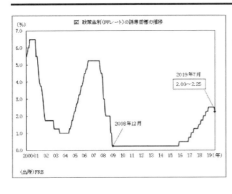

　2008年9月にはリーマンブラザズの破綻による世界同時株安が発生し、100年に1度という世界不況の到来が懸念された。アメリカのグリーンスパン（Alan Greenspan）FRB議長が『100年に1度の不況』と言ったので、世界中が1930年代の世界不況を連想し、事態を深刻に受け止めた。わが国でも麻生太郎総理が繰り返し発言した。この時、筆者は1世帯当たり30,000円の不況見舞金（？）を上野原市から支給されたと記憶しているが、この時の状況を調べると、アメリカだけでなく欧州と日本の中央銀行から大量の資金が供給され、世界景気は小康状態を取り戻し、1年後の2009年秋に底入れが確認された。

　大量の資金を供給すれば金利は下がる。それ以降、世界は7年に及ぶゼロ金利という異常な時代を迎え、わが国は失われた20年の長期デフレの時代を迎えた。

　わが国の高度成長が続いた頃、郵便貯金の金利は年7.2％の複利で、貯金が10年で2倍に増えたと記憶している。金利は何％が妥当なのか、金本位制度の時代は3％とされていたと記憶している。ゼロ金利は経済理論では説明されたことはなかった。閑話休題。

7. 中国の外貨準備の急増と
米中国交回復と中ソ友好同盟条約破棄

　まず、インターネットのウイキペディアによって、2018年8月現在の世界の外貨準備高を確認する。第1位中国3兆1,097億ドル、第2位日本1兆2,593億ドル、第3位EU8,579億ドル、第4位スイス8,001億ドル、第5位サウジアラビア4,889億ドル、第6位ロシア4,610億ドル、第7位台湾4,567億ドル、第8位インド4,131億ドル、第9位香港4,003億ドル、第10位韓国4,003億ドル、・・・、第22位アメリカ1,252億ドル・・・。

　アメリカの外貨準備は僅かに1,252億ドルである。国内通貨のドルが外貨として算入されていないからであるが、それにしても中国の外貨準備は多すぎる。

　第2次世界大戦後の世界で、アメリカの国内通貨であるドルが通貨不安に見舞われながらもヨーロッパと日本の戦後の復興と成長に必要な通貨を供給できたのはアメリカが第2次世界大戦の戦勝国であったからである。この考え方は大方の賛同が得られると筆者は考えているが、中華人民共和国が共産党による1党独裁を続けながら経済運営の軸足を自由経済体制に置き換えて世界経済に参加する時、中国の経済成長をファイナンスするのはどの通貨になるのか、ドルはその役割を果たせるのか、筆者は確信が持てなかった。

　筆者が東レ経営研究所から大学に転じたのは1992年4月で、中国の外貨準備高が急激に増加しはじめる直前であった。その後、家電量販店やホームセンターやコンビニエンスストアあるいはネット通販で購入するもののほとんどがメイドインチャイナで、メイドインジャパンを探すのが難しい時代が続いた。

　一体、誰が、何処で、何をして、中国の外貨準備が日本抜き去り、そのわずか数年の間に外貨を4兆ドルへ積み増すことができたのか。筆者は、この現実を見て、アメリカのドルが中国の経済成長をファイナンスしたことを事後的に確認した。

　ここで確認しておかねばならないことがある。それは、中国が「中ソ友好同盟相互援助条約の破棄を決議し、ソ連に通告して国家経営の軸足をソ連からアメリカに移し変えて、1980年に国際社会に復帰した経緯とタイミング」である。

　「中ソ友好同盟相互援助条約」は1949年10月の中華人民共和国建国からわずか3か月後の1950年2月に締結された。その内容は「有効期限30年、最初の期限到

達の1年前に条約破棄を相手に通告しない限り5年延長される」というものであった。

　当初は中国が条約締結を望んだとされるが、朝鮮戦争休戦協定締結後に表面化した中ソ対立によって友好関係に終止符が打たれた後、1980年2月の1年前、すなわち、1979年2月に条約廃棄の最初のチャンスが訪れたのであった。この最初のチャンスの1ヵ月前の1979年1月に米中国交が回復したのである。1971年に極秘裏に行われたキッシンジャー博士と周恩来外相との極秘会談から数えて8年後であった。

　建国間もない共産主義中国を共産主義ソ連の世界戦略に組み込んだ中ソ友好同盟条約を破棄する最初のチャンスのぎりぎりのタイミングで中国はアメリカと国交を樹立し、米中国交回復を担保にして、少なくとも5年は延長されるという中ソ友好同盟条約の桎梏から最速のタイミングで抜け出したというのが現在の米中関係の原点であるというのが筆者の考えである。

　この機会に、ベトナムで激しい戦闘が続いていた最中に『毛沢東ニクソン会談』の準備段階で行われた『周恩来キッシンジャー機密会談録』（毛利和子・増田 弘 岩波書店2004年）から次の2点を書き留めておく。

　① ソ連が中国の核兵器開発支援を突如中止したこと（80ページ）。

　② ソ連が中国国境に110万人もの軍隊を展開させていることが伝達されたこと（350ページ）。このことに関して「中華人民共和国に対して存在するソ連の脅威に関して、我々の情勢判断を、我々の技術的能力が及ぶ限りで、中国側に提供することです。これらは無条件で実施されるものであり、見返りは不要であることを強調しておきます。またキッシンジャー博士から、大統領とともに中国に到着したときに、この情報を供与する方法について話し合う用意があることを総理にお伝えするように言われています」とアレクサンダーヘイグ（Alexander Haig）准将（後にレーガン政権の国務長官）から周恩来総理に伝達されていることである（317ページ）。

　こうして、中国はアメリカとの国交を回復して世界制覇を目論んだコミンテルンの世界支配の魔手から逃れ得たと筆者は確信している。中ソ友好同盟条約はこうして1980年4月11日に失効した。

　次に、米中国交回復後の中国の外貨準備高の動向とその間のアメリカの大統領

の就任期間を明らかにする。

インターネットの世界経済のネタ帳によって、中華民国に代わって中華人民共和国が国連とＩＭＦなどの国際社会に復帰後、1979年にアメリカと国交を回復、1980年に中ソ同盟条約を破棄して以降の外貨準備高のグラフとその数値が次の通り確認されている

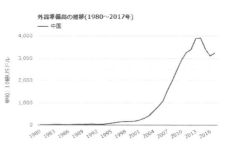

外貨準備高の推移(1980〜2017年)
―― 中国

（出所：https://ecodb.net/exec/trans_country.php?type=WB&d=RESTOTL&c1=CN&s=&e=）

中国の外貨準備は1980年の100億ドルが、1990年に349億ドル、1995年に803億ドル、2000年に1,718億ドル、2005年に8,314億ドル、2006年に1兆808億ドルと1兆ドルを超え、以下、2008年に1兆9,660億ドル、2009年に2兆4,529億ドル、2010年に2兆9,099億ドル、2011年に3兆2,547億ドル、2012年に3兆3,875億ドル、2013年に3兆8,804億ドル、2014年に3兆3,900億ドルとほぼ4兆ドルに達した。その後、2016年に3兆977億ドルへ減少したが、2017年に3兆2,350億ドル、2018年に3兆1,680億ドルと一進一退を繰り返している。

このグラフに数字が示される以前の1977年11月の新日鉄稲山嘉寛会長訪中と1978年10月の鄧小平副総理の最新鋭新日鉄君津製鉄所視察を発端として、最新鋭製鉄所の中国へのトランスプラントの国家プロジェクトが始動、1985年宝山製鉄所1号炉火入れ、1991年2号炉火入れ、1994年3号炉火入れが記録されている。高層ビルが林立する中国の大都会あるいは中国の鉄道整備や自動車産業の躍進は最新鋭鉄鋼産業のトランスプラントなくして生まれなかった筈である。閑話休題。

この間のアメリカの大統領は、ビルクリントン：1993〜2001年、ジョージブッシュ：2001〜2009年、バラクオバマ：2009〜2017年である。

以下はトランプツイッターに示された認識である。

・2018年3月7日　From Bush 1 to present, our Country has lost more than 55,000 factories, 6,000,000 manufacturing jobs and accumulated Trade Deficits of more than 12 Trillion Dollars. Last year we had a Trade Deficit of almost 800 Billion Dollars. Bad Policies & Leadership. Must WIN again! #MAGA　（レーガン大統領の後を継いだジョージH・W・ブッシュ大統領以降、アメリカは5,500の工場と600万の製造業の雇用を失い、累計で12兆ドルの貿易赤字を記録した。昨年の貿易収支赤字は8,000億ドルである。国益を損なう政策とリーダーシップの結果である。挽回せねばならない！アメリカを再び偉大な国にしよう！）

8. クリントン・ブッシュ・オバマの 四半世紀に起こったアメリカのミニワールド化

　レーガン大統領が1986年にアイスランドのレイキャビックでゴルバチョフ書記長と基本合意に達し、1989年にブッシュ（父）大統領とゴルバチョフ書記長によるマルタ島会談で決着したソ連共産主義崩壊とロシアへの先祖返りの後、世界で『グローバリゼーション』が急展開した。

　貿易、投資だけでなく労働の移動さえ自由化されるべきとの風潮が現れ、ヨーロッパ大陸ではアフリカ大陸からの、北アメリカでは中南米諸国からの難民問題が発生した。同時に、WTOの発足、EUの結成と共通通貨への移行、英仏海底トンネルの開通など経済の一体化が進行した。この間、局地的戦争、あるいはチェルノブイリ事故、あるいはニューヨーク高層ビルへのアルカイダによるテロなど震撼する事件は絶えなかったが、宇宙船地球号を巻き込む世界大戦は起こらなかった。

　EUの共通通貨への移行は金本位制時代の経験に照らせば強食弱肉の経済原則の復活の可能性を内包するものであった。弱い国に対する強い国の債権が累増するというのが金本位制度から学んだことではなかったのかというのが筆者の率直な疑問であった。筆者の目にはドイツの1人勝ちが目に見えていた。為替レートという緩衝機能が共通通貨制度の下で失われるからである。金本位制度が戦争の原因という見方に立つ以上、筆者は共通通貨の前途を危惧せざるを得ない。有体に言えば、年金まで統合することは困難と思われるからである。閑話休題。

　ウイキペディア歴史年表によってこの間の歴史を見ると、1983年インターネ

ット、1984年マッキントッシュ、1985年ウインドウズ、1995年ウインドウズ95などの文字が並び、国境なき情報化が加速し、ヒトとモノとカネとインフォメーションの移動が恰も正義であるかのごとき風潮が世界を支配した。

電子メールがはじまった当初、日本はアドレスの最後に『jp.』が、英国は『uk.』が付けられたのに対し、アメリカには『usa.』は付けられなかった。このことに気づいた時、筆者は、インターネット時代の宇宙船地球号においてアメリカはネーションステートではなくなり、ミニワールドになるのだと思った。

ミニワールド化したアメリカにとって、ドル基軸通貨体制の観点に立って先に述べた打出の小槌を振っているという意識はアメリカにはなかったのであろう。しかし、中国に4兆ドル近いドルの蓄積を結果として許してしまったという現実は、アメリカが基軸通貨国のディシプリンを欠いたままミニワールド化がこのまま進めば、宇宙船地球号を待ち受ける現実は人類がマンメイドマネーをすべて紙屑化させたという歴史の再来ではなかったのではないのか、トランプ大統領に『MAKE AMERICA GREAT AGAIN』で頑張って貰わなければならないというのが筆者の願望となった。

人類はマンメイドマネーをことごとく紙屑にして来たし、このままでは、これからも紙屑にするのが人間の性なのだということである。

学者と知識人とマスコミなどプンディットは人間の叡智を信じると言うに違いないが、インダストリアルエコノミストの筆者はそうは思わない。アメリカで予算委員会は『WAYS & MEANS』委員会と言われる。ヒトの欲望すなわち対処すべき課題（ウエイズ）は利用可能資源（ミーンズ）を常に上回っており、そこに強欲の衝突すなわち戦争の芽が何時の世においても潜在しているからである。

事実上のドル本位制に対するアメリカの責任感を筆者は MIT の『MADE IN AMERICA』に見出せなかった。トランプ大統領のツイッターの中にこの責任感を述べる言葉を未だ見出していない。しかし、言葉では表現されていないが、『MAKE AMERICA GREAT AGAIN』、『KEEP AMERICA GRAET』を掲げるトランプ大統領の無意識の意識にこの責任感は意識されていると筆者は思っている。事実が示されることを願っている。

第4部　完

第5部
20世紀前半の世界大戦の
根源は金本位制度!

　筆者は、マンメイドグッズの増加に応じてマンメイドマネーが増加することが経済のバランスを保つ上に必須との考えを述べたが、金本位制度はゴールドを単一通貨とする完全な自由市場経済体制であること、リカルドの比較生産費説に従い、自動車とぶどうを生産する2国間の貿易収支において自動車の生産国に貿易黒字が生まれ、貿易収支尻がゴールドによって決済される過程で国家間の利害の衝突を生まれ、戦争に発展する可能性を確認した。

　同時に、金本位制が全盛を誇った時代に兵器に転用される技術が生まれていた事実を確認した。

1.マクロ経済の分数による問題提起

　宇宙船地球号の20世紀前半は戦争の世紀であった。2度も世界大戦が起こった。なぜ戦争が起きたのか。その根本原因は金本位制度である。

　これは、東レに勤務し、合成繊維の世界生産が、1940年から石油危機で世界経済が不況に陥った1973年まで33年間に、1500倍に増加した現場に居合わせたインダストリアルエコノミストの結論で、誰に何と言われても変わらない。

　マクロ経済は、マネーを分子、売買されるG・S・I（グッズとサービスとインフォメーション）を分母とする分数で示すことができる。この分数の値は経済全体の物価水準を示すと筆者は考えている。

　フランスの農村を描いたジャンフランソワミレー（1814年～1875年）が生きた19世紀は金本位制度の時代で、分数の分子はゴールド、分数の分母のG・S・Iは、繊維に関する限りコットンとウールとシルクで、経済の分子も分母もナチュラルの時代であった。

　金本位制は1816年に英国ではじめられ、1917年まで続いたとされる。この間、ヨーロッパ各国が次々と追随し、19世紀末には日本も金本位制度となり、世界の主要国は『ゴールドを共通通貨とする統合された経済圏』を形成していた。

　金本位制度を採用していた各国には独自の通貨があり、通貨と通貨の間には一定の交換比率はあったが、それらはすべて見た目だけのことで、各国の経済は物価水準とゴールドの相場を指標とした利潤動機によって動かされていた。『ゴールドが共通通貨と考える根拠』である。圏内のどこかで経済恐慌が発生すれば伝播するのは当然の世界であった。

　以下は、『金融経済の構造』（写真左：鎌倉 昇著 創文社 1959）によって筆者が理解した金本位制度の内容である。

　金本位制度の下では、金の延べ棒から金貨を自由に鋳造し、逆に金貨を金の延べ棒に自由に融解することが認められ、同時に、国境を越えて金貨と金の延べ棒の自由な持ち出しと持ち込みが認められていた。この間、各国政府は一定の手数料を徴収して、英国の場合は、1ポンド金貨（直径2.2センチ、重さ7.98805グラム、金の純度91.67％）の鋳造と融解を行なったが、経済には介入せず、絵に描いたような自由経済の下、弱肉強食の経済原則が貫徹していた。

フランスのドゴール大統領が為替レートは国家主権と言ったが、そういう考え方はなかった。

　筆者はゼミの9年先輩の京都大学経済学部鎌倉　昇　助教授の金融論の講義を受けている。明快な講義だった。プログノーシス（予診）⇒ダイアグノーシス（診断）⇒プログラミング（処方）という考え方を教わり、率先実行してきた。経済学部教授になられた翌年、1969年に財界のセミナーで軽井沢に滞在中に44歳の若さで逝去された。新聞のニュースで知った。

　筆者は金本位制度を鎌倉先輩の著書に従って説明したが、青山ゼミで鎌倉先輩と同期に学ばれた建元正弘大阪大学名誉教授による『外国貿易と国際収支—近代経済理論による分析—』をテキストにした講義で、リカルドの比較生産費説や金本位制度と戦後の国際通貨制度のメカニズムに関する精緻な数式モデルを学んだ。建元先輩は筆者とゼミ同期生の真継　隆　名古屋大学名誉教授とともに青山秀夫先生還暦記念同窓会誌『青碧』の編集に当たられた。閑話休題。

2.金本位制度の下でのマクロ　　経済の分数の分母の G・S・Ïの増加

　1992年4月に大学に転じて間もない頃、筆者は山梨県立美術館で『落穂拾い』その他ミレーの作品を詳細に観察した。そのどれを見ても、衣服はコットンとウールとシルクであった。

　ミレーの世界では、経済の分子はナチュラルのゴールド、経済の分母もナチュラルであった。その故に、分数の値、すなわち、経済全体の物価水準は上昇と下降を繰り返しながらも、金本制度は100年も続いたと筆者は考えている。

　筆者は東レ経営研究所の『ENONOMIC LETTER』（写真右）に 『合繊産業のリトロスペクトとプロスペクト』と題して、次の数字を報告して東レ経営研究所から大学に移った。

　合成繊維の世界の生産量がはじめて統計に表れたのは1940年で5,000トンであったが、石油価格が2ドルから10ドルに急騰し、世界経済が不況に陥った1973年まで1年たりとも減少することなく7,510,000トンまで1500倍に増加した。33年間の年平均成長率は実に24.8%、3〜4年ごとの倍増ゲームが33年間も続いた（$1.248^{33} = 1496.5$）。

合成繊維の世界生産は、その後横ばいに転じたかというとそうではなく、1974年から2005年までさらに32年間増加し続け、4.2倍に増加した。この間の年平均成長率は4.6％であった。

　これは金本位制度が崩壊した後に記録された数字であるが、合成繊維に先駆けて生産されたレーヨン糸の世界生産は1927年の133,848トンが1940年に535,773トンへ14年間に4.0倍に増加したことが東レの25年史に記録されている。この間の年平均増加率は10.5％である。閑話休題。

　筆者の直感は、科学技術の進歩によって経済の分母にマンメイドプロダクツが加えられ、非常な勢いで増加する以上、経済の分子にもマンメイドマネーが持ち込まれなければ、分数の値すなわち物価水準の下落が続き、経済のバランスが失われ、経済システムが瓦解するというものであった。経済システムが瓦解する時に作用するのは政治力学である。

　第1次世界大戦後、パイパーインフレーションによってドイツの経済システムが瓦解した時に作動したのはナチスが選挙で勝利するという政治力学であった。政治力学は政（まつりごと）を志す人物のマインドに宿るミッションにはじまり、その時々の歴史を生きる生身の大衆の情念に拡散するに至った時、いかなる説得

も通用せず、国家権力に発する『力の衝突』、即、戦争に発展する。

　金本位制度が続いた100年間に生じたG・S・Iの急増をもたらした技術進歩について、『年代別科学技術史』（写真左：1978年 松下電器副社長城阪俊吉工学博士著）から次の4点およびウイキペディアから1点の計5点を書き留めて、次に進みたいと考える。

① 1866年、ノーベルによるダイナマイト発明
② 1866年、ジーメンスによる永久磁石を使わない発電機
　（この発電機から偶然の機会に発電機がモーターでもあることが発見された）
③ 1886年、ダイムラーによるガソリン自動車の原型完成
④ 1893年、ディーゼルによるディーゼルエンジンの発明
⑤ 1846年、ジェームスボイデルによる無限軌道特許取得（本項ウイキペディアより）

]

3.金本位制度の下での分子の
　　　　ゴールドは簡単には増えなかった

　経済学は「悪貨は良貨を駆逐する」というグレシャムの法則を教えている。悪貨、すなわち、ゴールドの含有量が半分の金貨が1ポンドで通用するなら、誰もがこの悪貨を先に使うので正しい量目の金貨が市場から姿を消すことを言っている。お正月に子供たちが興じるトランプの『ババ抜き』と同じで、その根底には利潤動機がある。

　筆者は、利潤動機は一生の貯えを守ろうとする庶民の執念に発していると考え、重く受け止め、論理思考の根底に据えている。

　経済学が教える通り、通貨には3つの役割がある。第1は価値の尺度、第2は交換手段、第3は価値の保蔵手段である。

　価値の尺度と交換手段はゴールドでなければならないという理由はなく、仮想通貨でもそれなりの機能は果たせると考えているが、価値の保蔵手段は何が何でもゴールドでなければならなかったというのが筆者の結論であり、洋の東西と時代を超えたゴールドの呪縛の歴史である。この呪縛は経済の現実を動かす庶民の情念から生まれている。

　その理由は2点、ゴールドは化学変化しないことと贋金造りできないことである。

　一生の貯えを銀貨に代えて後生大事に抱え込んで草津温泉に1週間入り続けたとしよう。銀貨の表面が硫化銀に変質して黒くなる。「これは真っ黒ですが銀貨です」と言って磨くと銀が摩耗し、やがて消えてなくなる。左の写真は、わが家の子供たちが小さかったころにドライブで訪れた草津温泉で見て仰天した写真である。今も草津温泉のバスターミナルの3階の図書館に展示されている。鉄の5寸釘が日1日とやせ細り、1週間で縫い糸のようになる実物標本である。鉄でさえこの有様である。

　世間にはアメリカのドルはやがて中国の元に置き換えられると主張する人がいる。そう主張する人に筆者は「あなたが現在円で保有している一生の貯えをドルか元のいずれかに置き換えなければならなくなった場合、ドルではなく元に置き

換えるならばあなたの主張を受け入れます」と筆者は言うことにしている。ドル
が電子マネーに置き換えられると主張する人にも同じことを筆者は言う。価値の
保蔵手段として信認されるか否かが重要なのである。閑話休題。

　ある日突然貝殻が貨幣になれば、人は働くのを止めて海岸
に出て貝殻拾いに没頭する。人が額に汗して働くのはゴール
ドが簡単に手に入らないからである。

　手元に『錬金術大全』（前ページ写真：ガレス・ロバーツ著　目羅
公和訳 1999 年）がある。ギリシャの昔からの錬金術が詳細に記
述されている。成功者はいない。

　『国際通貨の歩み』（嶋 平三郎著 日本関税協会 1974）には徳川時
代に慶長小判から元禄小判が作られた記録がある（13 ページ）。筆者の計算による
と1枚の慶長小判から2.7枚の元禄小判が作られた。極秘で進められた幕府のこ
の企てが成功し、ある日突然、1枚の慶長小判が1枚の元禄小判としてしか通用
しないことになれば、「時の政権による本物のゴールドによる贋金造り」の稀有
な成功例となった筈であるが、事前に事が露見して不首尾に終わったとされる。

　金本位制の下で金貨を持ち運ぶ不便を避けるためにゴールドとの交換を約束し
た兌換紙幣が発行されたが、子供のころに見た明治時代の1圓札の兌換紙幣は遠
い昔に紙屑になっている。人類は発行されたマンメイドマネーをことごとく紙屑
にしたという歴史を残している。

　王政と共和制、あるいは、民主主義と共産主義を含めた全体主義を問わず経済
活動を行うのは一般庶民である。庶民が額に汗して貯えた財産を徴税権と貨幣の
鋳造権によって収奪しようと狙っているのが時の政権というこれまでの図式はこ
れからも変わらないが、収奪されてなるものかという庶民の抵抗が時代を問わず、
洋の東西を問わず通貨はゴールドでなければならないという歴史を生み出し、時
の政権が発行した紙幣すなわちマンメイドマネーを紙屑にしたと筆者は考えてい
る。収奪されてなるものかという庶民の抵抗を経済学は利潤動機あるいはマーケ
ットフォースという言葉で説明している。

　マクロ経済の分数の分子の世界で、ゴールドの採掘現場は益々地球の奥深くに
及び、数量の増加は期待できない。経済学は分子の拡大の手法について、信用創
造と貨幣の回転速度について教えている。紙幣とは究極において政府の借金証文
であるという説も有力である。

『信用創造』とは、第1の銀行が受け入れた預金の10％を手元に残し、90％を第2の銀行に預金する。第2の銀行が受け入れた預金の10％を手元に残し、90％を第3の銀行に預金する。第nの銀行は受け入れた預金の10％を手元に残し、90％を第（n＋1）の銀行に預金する。この場合、銀行システム内で0.1の預金準備率の逆数すなわち10倍の信用創造が行われるという考え方である。

『貨幣の流通速度』については、経済取引の循環する過程で取引のスピードが10倍に高まれば発行済み貨幣の通貨としての役割は10倍に高まるという考え方である。

いずれの場合も、取引の循環の過程でどこかで見込み違いが生じて倒産が発生すれば、この循環に断絶が生じ、連鎖倒産から経済恐慌が発生する。

海の民族と山の民族が物々交換を行う時、交換に臨む代表の背後に双方の屈強の男たちが控えていたというのが取引の原点であったことを忘れるわけには行かない。

筆者は「経済の分母が10倍に増える時、ゴールドの価格が10倍になれば物価は下落しないのではないか」と質問されたことがある。ゴールドの価格がドルで表示される今の世界で生まれる錯覚である。金本位制の世界でＡさんが市場価格1ポンドのゴールド1オンスを2倍の2ポンドで売りたいと思うとしよう。その時、買い手のＢさんが手元に2ポンド相当のゴールド、すなわち、2オンスのゴールドを準備しなければＡさんのゴールドは2ポンドで売れない。Ｂさんは1オンスのゴールド手に入れるために2オンスのゴールドを手放すことはない。閑話休題。

4.金本位制度の下で貫徹した 強食弱肉の自由経済の原理

経済学はリカルドの比較生産費説に基づいて貿易が行われると説く。

この学説は為替レートも政府の保護政策もない金本位制度の下での自由経済を前提にしている。

筆者は、金本位制度は100年も続いたのは主要国の経済が総じて農業が中心であったためと考えている。技術進歩による資本主義経済の不均衡な発展が進展する過程で、農業大国のＡ国で自動車生産が先行し、農業国のＢ国で遅れて自動

車生産がはじめられた状況を想定すると、次のような説明が可能と考えている。

　A国とB国がともに自動車とワインを生産しており、自動車のコストもワインのコストもA国の方が安いのだが、A国における自動車とワインの生産コストの比率とB国における自動車とワインの生産コストの比価が同じでなければA国とB国の間で貿易が行われ、A国は自動車に、B国はワインの生産に特化するという学説である。

　この場合、自動車に特化するA国とワインに特化するB国の貿易収支はどうなるか。自動車に特化するA国が黒字になるであろう。貿易収支の黒字はA国のB国に対する債権を生み、B国のA国に対する債務を生む。債権と債務はゴールドによって決済される。

　決済すべきゴールドが底をつく過程で何が起こるか。おそらくB国による輸入制限と関税によるゴールドの流出規制であろう。

　それでも金の流出が止まらずに決済すべきゴールドが底をつく時、その時の歴史を生きる生身の大衆は国の存亡をかけた対立に巻き込まれ、その解決策としての戦争の道を選ぶ。金本位制が戦争の原因と考える理由である。

　1772年生まれの英国の経済学者David Ricardoは、産業革命をリードした英国の工業製品として『ラシャ織物』を、農業国ポルトガルの農業製品として『ワイン』を例にして、次の通り比較生産費説を説明した。

　①イギリスがラシャ1単位を生産するのに100の労働力を必要とし、ワイン1単位を生産するのに120の労働力を必要としている。一方、ポルトガルがラシャ1単位を生産するのに90の労働力を必要とし、ワイン1単位を生産するのに80の労働力を必要としている。

　②賃金は等しいとすると、ラシャもワインもイギリスよりポルトガルの方が安く作れるので、イギリスはポルトガルの安い製品を輸入でき、明らかに貿易のメリットがある。ポルトガルは一見すると貿易にメリットはないように見えるが、両国の生産コストの比価に差がある、すなわち、ポルトガルの生産費はワインよりラシャが割高であり、イギリスの生産費は逆にワインの方がラシャより割高であるので、ポルトガルはイギリスからラシャを輸入した方が得になり、ポルトガルでも貿易のメリットがあるという説である。

　③イギリスのラシャとワインの生産量をそれぞれ8単位、ポルトガルのラシャとワインの生産量をそれぞれ2単位とする。イギリスのラシャの生産に必要な労働力は$100 \times 8 = 800$、ワインの生産量に必要な労働力は$120 \times 8 = 960$、合計

1,760である。一方、ポルトガルのラシャの生産に必要な労働力は90×2＝180、ワインの生産量に必要な労働力は80×2＝160、合計340である。

④イギリスがラシャ1単位をポルトガルに輸出し、ワイン1単位を輸入すると、イギリスのラシャの生産に必要な労働力は100×（8＋1）＝900、ワインの生産量に必要な労働力は120×（8－1）＝840で、必要とされる労働力は1,740である。一方、ポルトガルのラシャの生産に必要な労働力は90×（2－1）＝90、ワインの生産量に必要な労働力は80×（2＋1）＝240で、必要とされる労働力は330である。

⑤貿易が行われた結果、同じだけの数量を手に入れるために必要な労働力は、イギリスが1,760から1,740に減少し、ポルトガルが340から330に減少する。両国で節約できた労働力はその分が失業になるのではなく、新しい製品、例えば自動車を作ることができるのである。

リカルドの比較生産費説は、産業革命初期の工業製品である『ラシャ』織物と農業製品の『ワイン』を例にしていたので、『貿易収支アンバランスが金本位制度の下で国家存亡の危機すなわち世界大戦の原因になる』というイメージに直結しないのだが、自動車が開発されていた第1次世界大戦前の状況下で自動車とワインを例として説明すれば、圧倒的に自動車生産国の貿易収支が黒字化するイメージが生まれるというのがインダストリアルエコノミストの観点である。

リカルドの比較生産費説は、貿易によって同じだけの数量を獲得した上、なお労働力に余裕が生まれることを見事に例証した学説で、貿易が繁栄を生み出す歴史によって実証されているのであるが、日本経済新聞『やさしい経済学』でリカルドの比較生産費説を説明された大阪市立大学塩沢由典名誉教授は、アインシュタインと対談したサミュエルソンが「自明でない経済学の定理は何か」と問われて「リカルドの比較生産費説」と答えたという逸話を紹介されている。閑話休題。

国家の併合によるネーションステートの消滅という選択肢は、論理演算の中で可能であっても、「身体が要求いたします」という次元で酸素を呼吸している生身の大衆には不可能な選択である。

この選択ができた人は唯1人、今を去る2000年の昔に神から与えられた『愛』を生きるというミッションに従ったばかりに時の政権によって十字架刑に処せられたイエスキリストだけであると筆者は思っている。イエスは十字架上の死に向かって、神から与えられた愛に生きるというミッションを背負って、自らのパッ

ションに従って、一歩また一歩と十字架上の死に向かって歩まれた生身の人間であった。バッハの受難曲は『受難＝サファリング』ではなく『パッション』と言われている。

　筆者は、この観点を、海軍兵学校卒業後巡洋艦に乗艦、南方への兵員輸送の任に当たられていた時に魚雷攻撃を受け、『戦艦大和の最期』に描かれた真っ黒な重油の海面に深夜に投げ出され、復員後京都大学経済学部青山ゼミで学ばれ、卒業後、日本聖公会京都教区で司祭を務められた小谷春夫先輩に負っている。閑話休題。

5.科学技術の偏在による
　　金本位制度崩壊と第1次・第2次世界大戦

　かくしてネーションステートの国民それぞれが巻き込まれた20世紀最初の四半世紀の第1次世界大戦において、ダイナマイトを利用した爆弾が、キャタピラーとディーゼルエンジンを応用した戦車が、ガソリンエンジンを搭載した飛行機が、さらに毒ガスが戦場に投入された。

　第1次世界大戦後の1917年にロシアではロマノフ王朝が打倒され、共産党1党独裁の全体主義体制が成立した。

　第1次世界戦争の勝敗が決した後、敗戦国ドイツでは、ハイパーインフレーションが発生、経済が破綻し、パン1個が1兆マルクという数字が残されるなど、国民の日々の営みが成り立たなくなった。その中で行われた選挙において、アウトバーンの建設と再軍備によって経済再建を訴えたヒトラーが選挙で選ばれ、『権力』すなわち「納税令書を含め拒むことができない命令を発する力」を国民から与えられ、ナチス全体主義体制がその国家意志貫徹に向かって動いた。

　第1次世界大戦と第2次世界の記述は枚挙にいとまがないが、ここに第2次世界大戦のヨーロッパ戦線について事細かに検証され、『自分流に考える　新・新軍備計画論』を世に問われた森嶋通夫ロンドンスクールオブエコノミクス名誉教授の論考を以下引用する。

　「チャーチルの『第2次世界大戦回顧録』の影響で、史家の多くは、1935〜38年の期間での英仏のだらしない譲歩こそが、ヒトラーを増長させ、大戦争をもたらしたと結論を下すのが常である。ヒトラーやムソリーニのような独裁者と異なって、英仏の首相は、民衆の支持のない政策を勝手に推進することが出来ない。

もちろん彼らといえども民衆を指導することは出来るのだが、同時に彼らは民衆の意を汲まなければならない。何千という十字架が櫛比しているフランスの古戦場のフィルムを見たなら、当時のイギリス人やフランス人に戦意がなかったのを、誰が非難出来ようか。チェンバレン英首相やダラディエ仏首相は民衆と共に進まなければならないが、ヒトラーはもっと自由に、民衆を離れて先を歩むことが出来た。独裁者のもつこの優位性を、ヒトラーはフルに活用した。英仏の民衆を怒りに燃え上がらせるためには、ヒトラーにまず充分段らせる必要があったのだ。・・・第2次世界大戦がおこったのは1939年9月であるが、アメリカが独伊に正式に宣戦布告したのは、日本の真珠湾攻撃直後（1941年末）にしかすぎない」（97ページ）。「イギリスが強力な軍備を持っておれば、第2次大戦は果たして防止されたであろうか。たしかに大戦の発生を何年か遅らせることは出来たであろう。しかし戦争は、ヒトラーが居るかぎり、結局はおこらざるを得なかった筈だ」（134ページ）。

　森嶋名誉教授のこの論調は国のリーダーの国家意志の観点から第2次世界大戦の原因を説明されたものであるが、当時の世界経済の状況から第2次世界大戦の原因を説明した常識論を以下に併記する。

　「そもそも戦前の国際通貨制度、すなわち金本位制度ないし金為替本位制度のもとでは、各国は自国通貨の為替相場を自由に決定・変更し、国際収支が悪くなったり、もっと輸出を増やしたいと思えば、自由に各国それぞれの意志で平価を切り下げることができた。とくに第1次世界大戦から第2次世界大戦にかけての時期は、各国が為替相場の切り下げ競争を展開した時期であった。このように為替相場が安定しない状況の下では国際間の資金移動が円滑でなくなり、商品の移動も円滑を欠くことになるので、世界経済はブロック化して、当時の世界景気は変転きわまりないものであった。世界的大不況は、もとをただせばこのような為替の不安定から、モノとカネの偏在が生じた結果なのである。このような国際的な無秩序な自由主義時代では、持てる国はますます豊かになり、持たざる国は富を蓄積するチャンスさえも与えられず、持てる国（米・英・仏）と持たざる国（独・日・伊）の利害の衝突によって解決せんとするに至ったのが第2次世界大戦であった。」（1968年12月東レ事業場会議における安居喜造副社長講話134ページ参照）

　かくして世界は敵の敵は味方という権謀術数の渦に巻き込まれ、アメリカの膨大な物量にものを言わせた都市に対する無差別の絨毯爆撃、さらには広島、長崎への原子爆弾の投下まで行われた。

高校の数学で、1次微分（全体の増加）、2次微分（増加率の増加）を学ぶ。戦争に向かう民意を示す数式の1次微分が増えたり減ったりする場合は理性に訴えて戦争に向かおうとする民意を抑制することは可能であっても、その数式の2次微分が増加し続ける、すなわち、時を追って戦争を求める民意が強くなる場合は、民意が情念の世界に移行したことを示し、理性による説得は最早不可能となり、戦争に突入すると言うのが歴史の鉄則である。閑話休題。

　資本主義体制を擁護するチャーチルの真の敵は共産主義体制のスターリンであったのだが、チャーチルは当面の敵であるヒトラーの敵のスターリンを味方にしてヒトラーと戦って勝利した。この国際政治の力学が生み出したこの齟齬は、世界制覇を目指したコミンテルン共産主義と米英アングロサクソンの冷戦として第2次世界大戦後にその姿を現した。

第5部 完

第6部
Professor
Innermorelandは私です!
東レに幸多かれ!!

第6部は『1人称』、『ですます調』で書き進みます。

Professor Innermoreland は私、谷口文朗です。私は22歳から55歳まで33年間、東レ株式会社（Toray Industries, Inc.）の企画調査部門一筋に勤務しましたが、この間、財界の調査機関の日本経済調査協議会で2年間、未来学者ハーマンカーンが創設した HUDSON INSTITUTE で1年間、研究生活を送る機会に恵まれました。この間、49歳の時に東レ経営研究所（Toray Business Research Inc.）設立発起人・取締役に起用され、産業に軸足をおいた THINK TANK の立ち上げに没頭しました。1992年、55歳の時にそのテイクオフを見定めて、山梨県上野原市に新設された西東京（現帝京）科学大学経営工学科教授に着任し、70歳まで勤務しました。

大学の勤務を終えた後、ご縁を頂いたすべてのみなさま方に感謝しながらリバーテラスの田園都市で穏やかな日々を送っています。

1. 東レ入社とインダストリアルエコノミストことはじめ

私は1936年7月14日、祇園祭のころに、京都の街中の『天使突抜五条下ル』というところで生まれました。1944年7月に五条通りの南側100メートルの強制疎開で琵琶湖畔膳所に転居し、膳所高校から京都大学経済学部に学びました。

1959年4月1日に「コメンスメントはアメリカで卒業の意で用いられるが『ものごとのはじまり』を意味する」という袖山喜久雄社長の訓示を受けて1926年に

琵琶湖畔 瀬田川南岸に1926年創立
東洋レーヨン社史より

琵琶湖の瀬田川南岸に建設された15,000坪の東洋レーヨン（現 東レ）株式会社滋賀工場（写真左）に入社しました。翌日、新入社員研修で「なぜ入社したか」と問われ、「近所に煙突があるから」と答えたところ「馬鹿！あれは臭突だ‼」と一喝されました。輸入パルプを濃硫酸に溶解した茶褐色のビスコース粘液から繊維素だけを苛性ソーダー溶液の中で抽出して人絹（レーヨン）を生産する際に発生していたごく微量の二硫化炭素と亜硫酸ガスを空気中に放出するための太い『臭突』を煙突と見間違っていたのです。新入社員の感想文に「あれは煙突だ。今はたまたま煙が出ていないだけだという地元の学生の表面的観察の浅はかさを思い知らされた」と書いたのが私の企画・調査一筋の東レ勤務の出発点となりました。

3年は工場勤務と申し渡されて漱石の『坊ちゃん』で有名な道後温泉の西、自転車で小一時間の愛媛県伊予郡松前町の愛媛工場で、夜勤や紡績機と織機の分解掃除など工場実習をした後、庶務課に在席していた1960年4月1日のことでした。工場長に呼ばれて「2週間以内に東京本社の調査部調査課行って貰います」と申し渡されて、日本銀行に隣接する東京日本橋室町の三井ビルの東京本社に着任しました。机の上で扇風機が回っていた職場でした。

私が入社した当時、第2次世界大戦とその後の苦境を切り抜けた後に新設された最新鋭のオートメーション工場が不況で操業短縮に追い込まれていました。そんな中、合成繊維事業への大規模な投資を前にして、社長から調査部に『経済10年見通しを提出せよ』という『情報要求』が出されていました。

私は、恩師、京都大学経済学部青山秀夫教授（写真左は同窓会誌『青碧』に掲載さ

れた還暦を迎えられたころの青山先生）のゼミで、オックスフォード大学のJ. R. ヒックス教授の『価値と資本：Value and Capital』という理論経済学の演習（ゼミ）に参加しながら、先生の岩波新書『マックスウエーバー』（写真左）に導かれて、『プロテスタンティズムの倫理と資本主義精神』その他ウエーバーの書籍を学んだのでしたが、1960年の安保闘争後に登場した池田内閣の所得倍増計画より一足早く、丸ノ内の赤レンガ街の一角にあった三菱経済研究所との経済10年見通し策定作業の一員に加えられました。「労働力は確保可能」、「所得倍増計画と同じ年率7.2%で成長は可能」という報告が取りまとめられたと記憶しています。今にして思えば、経済学部出身の新入社員の中で経済原論のゼミの何人かの新入社員の中から『ドラフト』（徴兵）されていたのかも知れません。

　写真左は、恩師青山秀夫先生が太平洋戦争最中の1943年に脱稿された後、終戦後の1948年に出版され、絶版になっていた幻の書、『近代国民経済の構造』（白日書院）であります。その序に森嶋通夫名誉教授が学ばれた太平洋戦争最中の大学と戦後の大学の現実を伝える一文が書き残されています。

　「昭和十八年といへば、アッツの『玉砕』があり、ガダルカナルの『轉進』が行はれた年である。また、吾々教育にたづさはる者にとっては、この秋、殆んど凡て學生が祖国のために故郷と學園とに別れを—或る人々にとっては『永遠の別れ』を—告げた點で思ひ出深い年である。東條内閣は微動だにせず、あの手この手で超國家主義の宣傳を強化しつつあった。・・・・・南海に戦たけなはにしてサイパン尚陥ちざるの秋、私はかくの如くにしてこの論文を書き續けてゐた。變轉の五星霜は此の論文を無意義たらしめたであらうか。終戦とともに、超国家主義者は退場し、改めて社會主義者、共産主義者が登場した。たしかに彼等のうちには、社会を倫理化しようとする情熱に燃えた人々がある。吾々は、その情熱と良心に忠実なる行動に對して、衷心より尊敬を拂ふものである。然し相手の良心を尊敬することは、直ちに、立場の同化を意味するものではない。然らば、彼らに對して吾々は如何なる立場に立つのか。脱稿後五年、敢えて本書を公にするのは、不完全ながら、それに對する若干の回答を含むからである。・・・・・かの『資本主義か社會主義か』といふ形で表現される一群の問題に對しても、本書で述べた立場に固執しつづける。即ち、資本主義をもって社會主義に絶對に優越するもの

とも考へないが、然しまた、資本主義といへば直ちにこれを仇敵視しようといふ考へや、『社會主義革命なくしては何ものも改善されず、社會主義が行はれれば、直ちに一切が改善され始める』といふ考へも、本書で分析した意味に於いて否定する。勿論この問題に對して本書の所論は十全ではなく、尚説くべき論點(例へば資本主義と戦争、社會主義勿至共産主義と獨裁、不勞所得の非倫理性などの問題)を多く残してゐるが、それにもかかはらず、現在の私に於いては、本書の敍述はそれ自體─そこで取扱はれた問題範圍に關する限り─訂正の必要なきものと考へられる。』

　この一文は、1999年に新仮名使いで横書きに組み直された『近代国民経済の構造』(青山秀夫著作集4創文社)には収録されていません。機会あるごとに神田の古本街や京都大学近辺の古書店で探し求めていた幻の名著をこの度インターネットのアマゾンで入手出来ました。北大正門横の南陽堂古書店から送付されてきました。奇跡的なことでした。この一文に関わる内容について青山先生は私の在学中に一言も語られることはありませんでした。閑話休題。

　私が就職試験を受けたのは1957年5月の公定歩合引き上げ後のなべ底不況の最中の1958年10月1日でした。一流会社や中央官庁の就職試験はすべて10月1日で、失敗したら今年の就職試験はもう終りという退路を断たれた厳しい就職戦線でした。会長・社長以下全役員を前にした面接試験で「京都大学経済学部は赤の巣だ」という人事担当役員の厳しいチャレンジに応戦して入社内定通知を貰ってから卒業までの半年間に、私は、1年分の日本経済新聞を全部読み返して、360円±1%の固定為替レートを含め、何時、どこにどのような記事が出るか、学生のレベルで一通り理解していた積りでしたが、目先の景気観測の記事はあっても長期経済見通しの記事は皆無の時代でした。

　調査部調査課に席を与えられて、6種類の日刊新聞と週刊経済誌3種類とロンドン ECONOMIST、ビジネスウイーク、US ニュース＆ワールドレポートを与えられて、毎月経済動向調査を会長、社長ほか全役員、工場長、販売部長、スタッフ関係部長へ提出する中で、トップマネジメントに送られてくる内外情勢調査会などの時局講演会への代理出席と報告を続ける日々がはじまりました。

　わが国では江戸時代に世界に先駆けて大阪で米の先物相場が立っていました。天候など人間の思い通りにならない要因から生まれるリスクをカバーする先物相場の仕組みを世界に先駆けて活用する経済先進国だったのです。この伝統があり

ましたので、明治に入って天然産品の米や生糸だけでなく工業製品の綿糸にも相場が立ち、さらに当時の最先端科学技術によって大量生産されるレーヨン糸にも相場が立っていました。合成繊維の生産販売に着手する以前の東レは、主力商品のレーヨン糸の販売網を自社で持つことなく、商社を経由して相場に売る会社で、合成繊維についても売掛債権のリスク回避のために商社を経由して販売する会社でありました。

　日本のレーヨン工業は、鈴木商店によって設立された帝国人造絹糸株式会社が国産技術で先行していましたが、レーヨン糸は、再生繊維（アーティフィシャルファイバー）と呼ばれました。レーヨン糸は、「ナチュラルプロダクツの木材に含まれる繊維素を蚕が紡ぐフィラメントの形に再生した繊維」だったからです。これに対してナイロン糸は「当初は石炭化学によって、やがて石油化学によって合成された繊維」という意味で合成繊維（シンセティックファイバー）、あるいは人造繊維（マンメイドファイバー）と呼ばれました。

　マンメイドファイバーはその機能性の故に飛ぶように売れ、東レは『プロダクションチーム』を結成し、商社を経由した『買戻し条件付き売り』、すなわち、『合繊原糸を販売部が売り、加工された合成繊維織物を買い戻して織物販売部が売る』という形のセールスネットワークを構築して行きました。流通がコントロールされているという意味で、東レ本社の日本橋室町を冠して『室町通産局』という表現が業界新聞のみならず日刊紙にも登場しました。

　そんな中、岐阜その他の繊維産地の経営者が折に触れて来社され、上司と面談される場に同席を許され、景気情勢について意見を求められるようになりました。無資源国日本の外貨獲得の先頭に立った繊維産業のエコノミスト（経済調査担当者）として、私は、繊維製品の市況、原材料の需給動向だけでなく景気の見通しや公定歩合の引き上げの可能性、揺れ動く世界の政治情勢について定見を持たねばなりませんでした。産地の機屋さんをはじめ繊維業界の経営者は内外の政治経済情勢によって変動する相場に神経を集中せざるを得なかったのです。

　こうして私は、高度経済成長を続けた国内景気と世界景気の動向を産業界に軸足を置いて調査する『インダストリアルエコノミスト』の道を縦糸とし、半年ごとに巡ってくる株主総会での会長と社長のメッセージと業績説明の草稿を準備する役割を横糸に織り込んで、本社スタッフ一筋のキャリアを歩みました。

　経済調査担当者はエコノミストと言われますが、ほとんどが銀行や証券会社などお金に関わるマネタリーエコノミストか官庁エコノミストで、私のように産業

と企業の立場で一貫して経済調査に携わったインダストリアルエコノミストは珍しい存在であったと思っています。石油危機の際に石油が2ドルから10ドルに急騰した時、自動車の軽量化のためのプラスチック需要は逆に増加する、そのための成型加工技術の開発が必要であるなどと社内に報告した記憶があります。閑話休題。

　当時のわが国の外貨準備高は20億ドル弱で（現在は何と1兆2,000億ドル！）、国内景気が少しよくなると原材料輸入が増加して国際収支が赤字となり、公定歩合引き上げによる金融引締め政策によって輸出増加を促し、外貨危機を乗り切るというストップ・ゴー政策が繰り返されていました。
　1ドル360円の固定為替レートと輸出手形割引という貿易制度金融が経済成長の梃子となったことを書き留めておかねばなりません。商社がドル表示の輸出手形を銀行に持参し、銀行がそれを日銀に持ち込めば、金融が如何に逼迫していても、日銀は手形を割り引いて円キャッシュを供給せねばなりませんでした。私は、繊維、鉄鋼、造船など外貨獲得上位10社が輸出を10%増やせば外貨危機はたちどころに解消するとの見解、あるいは、戦後のベビーブーム世代が消費市場に登場してくるので衣料消費は順調に拡大するなど統計に基づいた報告を社内と販売サービス部経由で産地に提供しました。

2.企業の社会的責任 ― 社是とレーヨン糸
　　事業の収束と東レ科学振興会の設立

　私は勤務した東レを誇りとしています。東レは、1926年に三井物産によって京都と大阪の上水道の水源地に設立されました。フォアザパブリックは東レのDNA であります。以下『東レ50年史』（1977年6月刊行）237・238ページから3点を引用します。
　①安川雄之助初代会長：「レーヨン製造事業を興すことは小にしてはわが国繊維工業の発展のために、大にしてはわが国家経済を益すること多大なるべきを思い、本会社を発起し、創立総会を開催する運びとなった」

　②辛島浅彦第2代会長：「初期レーヨン工業の問題点であった職場環境の改善に

努めるとともに、工場排水の処理にも万全の措置を講じ、『企業は社会に奉仕する』という企業と社会のあるべき姿について実践を通じてより明確に示した。・・・レーヨン最盛期に合成繊維の研究に着手、1941年にナイロン6の紡糸に成功、積極的に工業化を推進した」。

　私が滋賀工場に入社した当時、濃硫酸と苛性ソーダを中和した後に生成される水（H_2O）を琵琶湖の瀬田川に放水していました。工場に、原液、紡糸、後処理という職制が敷かれ、細心の注意を払って水処理が行われていました。このことは東レの25年史にもしっかりと書き留められています。私が東京勤務になった後も瀬田川のシジミ漁がずっと続けられていたことがその証左であると思っていますが、「当時の行政は折に触れて黒装束に身を固めて深夜に工場の排水溝からサンプルを密かに汲みとって行った」という証言を創業時に入社されたケミカルエンジニアから預かっています。環境汚染に対して東レが今から100年近く前に徹底して対応して来たことを私は誇りを持って書き留めて置きたいと思っています。閑話休題。

　③終戦の7ヵ月後の1946年3月の滋賀工場労働組合結成式における田代茂樹社長（1950年に第4代会長に就任）：「私の事業経営の方針は、従業員、株主、そして製品の消費者、この三者を考慮して事業を成り立たせることであります。しかし、この三者間に強いて順序をつけるならば、従業員の生活の向上、労働条件の向上は、場合によっては、株主配当のある程度の犠牲をもやむを得ないと考えます。が、それとともに、株主の配当などはどうでもよいから、ただ従業員の福利のみを図れという考え方には賛成いたしません。当社には、4000人の株主に対しては適正な配当をする責任があります。さらに消費者大衆に対しては、われわれは品質の優れた製品をできるだけ安価に提供するという奉仕の責務を帯びておることを忘れてはなりません。・・・私は平生主張するところの労働と資本ないし経営の関係は、コンペティション（競争）に非ず、コーポレーション（協力）なりということを実現するに全幅の努力をなすものでありますが、わが国の産業が資本主義体制下におかれている限り、私はどこまでも資本を守ってゆく決意であり、それが経営者としての責務であることを堅く信じております。」

　この挨拶は終戦後わずか7ヵ月後に行われています。田代会長が折に触れて三井物産ロンドン支店とニューヨーク支店に勤務された時の知識や経験あるいは回顧談を論壇風発流に話されるのを私たち若い社員は世界に思いを馳せて懸命に聞

き取ったものでした。閑話休題。

　東レのこの企業理念は、経済白書がその副題に「最早戦後ではない」と書いた1955年3月に田代会長の下、社是としてその理念が次の通り明確化されました。
　　　　　　社是　東洋レーヨンは社会に奉仕する
　　　　　　　　　消費者にはよい品物を安く
　　　　　　　　　従業員には安定した生活を
　　　　　　　　　株主には公正な配当を

　この時、戦後のレーヨン糸とレーヨンステープルの生産は戦後最高を記録していましたが、1957年5月の公定歩合の大幅引き上げ後に繊維需給が悪化し、1957年8月から1962年9月まで長期にわたってレーヨン糸の操業短縮が行われました。最悪時には操短率が55％にも達していたことが『東レ90年史』に記されています。レーヨンステープルについては1957年4月から1963年5月まで操業短縮が行われました。

　繊維素材にはフィラメントとステープルがあります。フィラメントは蚕が紡ぎ出す連続した糸ですが、ステープルは、綿花や羊毛のように繊維の長さが3～5センチで、紡績工程で紡がれてはじめて連続した糸になる繊維素材です。ポリエステルの『テトロン』ステープルはコットンやウールと混紡されて、ウオッシュアンドウエアのワイシャツやプリーツの消えないズボンやスカートとしてその機能が評価されました。閑話休題。

　繊維産業の不況はレーヨンだけでなく、コットンやウールの分野でも深刻な問題でした。東レでは「レーヨン糸においては原料面の合理化が限界に達し、製造原価のほぼ4分の1を占める労務費についても原単位低下の余地は少なく、むしろ労賃の上昇によるコストアップ傾向が支配的であった。・・・こうした状況のもとに、レーヨン部門のあり方について検討すべしとの田代会長の指示を受けて長期計画委員会が設置され、レーヨン部門対策小委員会でレーヨン糸設備の閉鎖を検討するとの結論に達し、第1工場はナイロン工場への転換、第2工場はフィルム工場への転換、第3工場はポリプロピレン繊維への転換によって37年にわたる滋賀工場のレーヨン糸生産に終止符が打たれた」と東レ90年史は述べています（127～128ページ）。

最先端の技術によってスタートした15,000坪の大工場がわずかに37年で閉鎖されるという現実は何を物語ったのか。技術革新は企業にとって本当に恐ろしいと言ってよいでしょう。

研究開発によって合成繊維あるいはフィルム分野への事業の展開が進められていなかったならば従業員の配置転換は進められず、会社は存亡の危機に直面したと思われますが、危機が回避されたのは、企業内組合という日本独自の労働組合形態であったことが重要な要因でありました。

レーヨン糸事業の収束と合成繊維事業の拡大を進めた東レは、1960年3月に臨時株主総会に社会奉仕の理念に基づいて10億円を拠出して科学技術振興財団の設立を提案し、6月から活動を開始しました。初年度に11件、1億422万円が贈呈されました。50年史は、1973年にノーベル賞を受賞された江崎玲於奈博士、耐震構造研究の早稲田大学内藤多仲名誉教授、合成繊維の権威京都大学の桜田一郎教授、金属材料など固体の破壊現象の解明に功績を残された東京大学平田森三教授に第1回科学技術賞が贈呈されたと記しています。『社会への奉仕』の経営理念を具体的化させたものでした。

3.日経調への出向とインダストリアルエコノミスト開眼

1964年7月、調査部に着任して4年目に私は、設立後間もなかった日本経済調査協議会へ2年間出向を命じられました。会社の枠を越えて財界の調査機関で内外の政治経済動向を学んで来いというのが会社から与えられたミッションでした。経団連、同友会、商工会議所が設立発起人となり、産・学・官のトップと中堅と若手が委員会に参加し、わが国のあるべき姿、時々の課題についての研究成果を内外に提言することが『日経調』の役割でした。

トマトケチャップ、プラスチック新素材、石油精製などの外資系企業実態調査、資本自由化問題の研究委員会の事務局業務のほか、日韓国交回復に先立って韓国生産性本部から隠密裏に日本を訪れた経済調査団の受け入れなどに携わりました。英連邦の解体によって生まれてくる新しい事態への対応が研究課題とされる中、私は、石炭と鉄鉱石に恵まれたオーストラリアは必ずや日本との関係強化に動くという必然的流れを読み取りました。インダストリアルエコノミストの開眼、さらに言えばポリティカルエコノミーへの開眼に繋がったことが想起されます。

韓国生産性本部調査団の調査は1965年6月の『日本国と大韓民国との間の基本関係に関する条約』に繋がり、浦項総合製鉄所、京釜高速道路などが建設され、『漢江の奇跡』が生み出されました。とくに製鉄所の建設は韓国の造船業や自動車産業の繁栄を生み出しました。閑話休題。

　1951年に資本金を上回るナイロン66の特許料を米国デュポン社に支払いながら自社開発のナイロン6の企業化を推進され、息つく暇もなく1958年に帝人とともに英国インペリアルケミカルインダストリーズ社からポリエステル繊維『テトロン』の技術を導入して企業化、東レを外貨獲得のリーディングカンパニーに押し上げられた田代茂樹東レ会長が東レからの若手社員の派遣に理解を示されたと着任後に日経調創設に尽力された宮脇長定事務局次長から教えられました。

　委員会に出席されていたソニーの井深　大会長が、ホンダのオートバイが1961年のマン島レースで優勝した時のことに触れて、「必ず日本の自動車産業は勝利する。自動車はオートバイに屋根をつければよいだけだから」と軽く言ってのけられたのを聞いて、産業界のリーダーのものごとの本質を見抜く眼力を垣間見る思いがしたものです。

　資本自由化に対して防御姿勢を取られた時の商工会議所会頭に対して「日頃自分たち大会社が小さな会社にやっていることを外国の大きい会社が出てくると言って抑えて貰おうとするのは筋が違う」と述べられ、資本自由化を堂々と受けて立ちながら、『上善は水のごとし』という心情を『泰川』という自らの俳号に託し、ファミリーをこよなく愛された石坂泰三経団連会長、あるいは、「ソ連の川はすべて北に向かって流れているのに対して中国の川はすべて東に向かって流れているが故に日本は中国と仲よくしなければならない」と小柄な身体に力を込めて熱く語られた河合良成小松製作所会長などの発言は軽いものではなかったと思っています。

　高度成長がはじまった頃、物価上昇が問題となりました。この時、石坂会長が「商店を営む老夫婦にとって、毎年同じ額で仕入れ、同じ額で販売する物価が完全に安定している経済がよいか、それとも、毎年仕入れ価格は2%上昇するが販売価格も2%上昇する中で収入が変わらない経済がよいか、収入は変わらないけれども売り上げが2%ずつ増える経済の方が励みになるのではないか」と語られたことを記憶しています。庶民感覚を大切にされた財界のリーダーでした。

　日本中が中国共産党政権を『中共』と呼び捨てにしていた当時、岡崎嘉平太全

日空会長が、政府・財界の支援を受けることなく、単身、周恩来総理の招待を受けて訪中された時の帰国報告も書き留めておかねばならないと思っています。晩餐会で出された草魚の刺身を、寄生虫を恐れて口にされたことのなかった岡崎会長が意を決して食されたこと、中国がソ連共産党から朝鮮戦争時に貸与された兵器の代金を情け容赦なく取り立てられたこと、中でも貧しい農村経済の中から返済に差し出したリンゴの形が悪いと言って難癖をつけられたことを代理出席報告したことを忘れていません。岡崎会長は1986年に『二十一世紀へのメッセージ』（写真左：岡崎嘉平太先生の長寿を祝う会発行）を残されています。その最後の3行に「1962年秋の会見のとき、周恩来総理が『・・・これからは日本との友好を深め、協力してアジアを良くし、アジアに力をつけようではないか』と話されたことは、いま正にはっきりとわれわれの前に提示されているのである。」と書き留められています。

　東京大学で農業経済学を講じられ、1959年に退官されたたた後、調査委員会委員長を務められていた東畑精一先生が「株式会社という社会機構は人類が生み出した最大のイノベーションだ」と力説されたことも澁澤榮一の業績とともに忘れられません。社会科学分野におけるイノベーションという視点を指摘された貴重な発言でした。

　日露戦争を戦った明治生まれの財界リーダーの謦咳に接したことは、私、インダストリアルエコノミストの大きな無形資産となっています。

4.国際金融制度の激動とゲームのルールの変化

　1967年11月、英ポンドが14.3％切り下げられました。IMF体制の下、アメリカのドルだけがゴールドと交換可能、英ポンドは1ドル＝2.8ポンド、円は1ドル＝360円、マルクは1ドル＝4マルク（1ポンド＝1,008円、1マルク＝90円）という固定為替レートの下で、為替切り下げ競争の悪夢から解放されて経済の復興に取り組んできた世界に衝撃が走りました。ここから1971年8月のニクソンショックによる1ドル308円、さらに1973年2月の変動為替相場制度への移行に至るまでの期間は国際通貨不安の連続でした。

　1968年12月、東レで毎月開かれていた会長、社長以下工場長、部長全員出席の事業場会議で三井銀行から着任された安居喜造副社長（後に経団連副会長）が

『激動期にはいった世界経済―ポンド切り下げの後遺症―』と題して国際通貨不安とその後に予想される世界経済の諸問題について報告されました。戦後の世界経済の枠組みと国際金融制度の問題点と今後の見通しおよび必要な企業の対応を分かり易く説明されたもので、その内容を管理職・専門職を対象にした社内報に掲載するに当たり、掲載稿の作成を命じられ、10項目、5ページにわたるも口述筆記稿の作成を担当しました。その内容は、①ポンドはなお不安定⇒②ドルアタック―それは国際通貨制度の動揺である―⇒③戦後の世界経済―国際協調を軸とした自由競争―⇒④「固定為替制度・金ドル準備制度―IMFの仕組み・それはアメリカを胴元とした無尽会社である―⇒⑤国際通貨制度への不信―何が生じたのか―⇒⑥世界経済の運転資金不足―IMF体制のいま一つの問題点―⇒⑦現状打開の試み―SDRと金価格引き上げ論―⇒⑧問題の核心―新しい国際通貨制度への陣痛期におけるアメリカの出方―⇒⑨ドル防衛の余波―デフレの連鎖反応―⇒⑩世界経済激動期に対する心構えというのでした。この中の②ドルアタック―それは国際通貨制度の動揺である―の中で、第5部121ページに紹介した第2次世界大戦の原因に関する常識論、すなわち、「持てる国（米・英・仏）はますます豊かになり、持たざる国（独・日・伊）は富を蓄積するチャンスさえ与えられず、利害の衝突を戦争によって解決せんとするに至った」という第2次世界大戦の原因が語られたのでした。

　私にとって、IMF体制における円と360の関係は『ユークリッド幾何学の円の中心角』のごとく、戦後の日本の経済の不変の公理と映っていました。輸出代金をドル建ての輸出手形で受け取り、それを銀行に持ち込めば、国内金融がいかに窮屈な時でも青天井で円資金が日銀から供給される貿易制度金融に支えられて自動車や家電産業が輸出を伸ばし、世界に飛翔して行くのが手に取るように見て取れる時代でした。

　当時、知る由もなかったことですが、後年大学に移ってから、上野原の工業団地の日本アルミット株式会社の澤村経夫社長から「塩素に代わって臭素を使うハンダを開発し、若い社員にサンプルを持たせてロッキード社への売り込ませた武勇伝、ロッキードがすぐさまこれを評価して、こんな素晴らしいハンダができたのなら同業のボーイング社に紹介するからすぐ訪問せよと言って紹介状を書いたというアメリカの素晴らしさ」を大学で講演して頂き、このハンダによってメイドインジャパンの自動車の電装部品の不具合が一掃され、トヨタの『コロナアローライン』や日産の『ブルーバード510』の対米輸出が軌道に乗ったことを知り

ました。澤村社長は NASA の宇宙往還を支えた男として社長列伝に加えられています。閑話休題。

　固定相場から変動相場への国際金融のルールの変更は東レにとって根本的なビジネスゲームのルールの変更でした。国内生産の拡大によるコストダウンが輸出競争力を強め、輸出の増加で得たドルが360円で円に交換されて輸出産業の業績が向上するという仕組みが変ったのです。

　変動相場制の下では、国内生産の拡大によるコストダウンの成果によって輸出競争力が強められ、輸出が増加しても、輸出で得たドルを円に交換する過程で1億ドルの輸出代金が360億円になる筈のところ120億円にしかならないという企業にとって骨折り損の草臥れ儲けという現実が生まれたのです。その代わり、企業が海外に1億ドルの工場を建設する場合、360億円ではなく、120億円で建設できるということになったのです。

　東レの海外展開の重点が輸出から海外事業へ置き換えられて行ったのは自然なことでした。

　このゲームのルールの変化を技術畑出身の CEO に説明する過程で、噛んで含めるように丁寧に説明すると「それくらいのことは知っている」と言われ、ならばとばかり簡潔に説明すると「専門家ではない」と言われました。難しいことでした。何かにつけて報告相手の持つ情報量を日頃から「カンニング」しておくことがことのほか重要であると観念したものでした。

　カンニング (cunning) とは『clever or deceiving ways of getting what one wants.』(I.S.E.D. p.234 R) で、頭を使って手に入れたいことをうまく手に入れることです。チーティング (cheating) とは『an act in a wrong or dishonest way to get some advantage..』(I.S.E.D. p.141 L) で、許されない手段、嘘をついて利得を手に入れることです。　閑話休題。

　1972年7月、折から共産革命を未然に阻止したインドネシアのスハルト政権への支援が自由主義陣営の課題とされ、政府と産業界が支援に動きました。産業界から調査団が派遣されることになり、繊維の調査団に東レから紡績・織布だけでなく石油資源に恵まれたインドネシアにおける合成繊維産業成立の可能性を評価するメンバーが参加することになりました。私は、政治経済全般と繊維の市場調査の担当として調査団に加わりました。

私たちはチャーターしたダットサン510とアメリカ製フォードのセダンの2台に現地のスタッフと分乗してジャカルタからバンドンへ、バンドンからさらに南のチラッチャップへ、鋸の歯のように南から北へ、北から南へ、工場用水に相応しい水を求めて、綿埃が充満した前世紀を思わせるような紡績・織布工場を訪問しながらジャワ島を西端から東端まで調査の旅を続けました。経済発展における政治と産業・企業の役割を目の当たりにする貴重な旅でした。

　調査は1ヵ月の日程でしたが、毎朝6時に日が昇り、毎夕6時に日が没する赤道直下の無季節な自然が何とも不自然で、日本の自然を再発見する思いでした。ジャワ更紗の美しさとコピパナシという砂糖を入れただけのジャワコーヒーの美味しさが今も思い出されます。インターネットの http://open_jicareport.jica.go.jp/pdf/10554756.pdf にこの時の調査報告が掲載されていました。

　政情不安が残る中、ジャカルタの中心地にはベチャという人力車と屋台が溢れ、目立った建物はホテルインドネシアだけでした。昨今、ジャカルタは市の移転が必要と言われるほど繁栄しています。隔世の思いとはこのことを言うのでしょう。閑話休題。

5.ハドソン研究所への特命留学と
　　THINKING THE UNTHINKABLE

　私は毎年行われる人事調査でスタッフ職からライン職への転向の希望を書き続けたのですが叶えられないまま『1球入魂』の心境で本社スタッフ勤務を続けたのでしたが、それが20年になろうとしていた1978年秋に、1年間海外へ特命留学を認めるという辞令を受けました。

　未来学者ハーマンカーン（写真左）が主宰していたハドソン研究所の企業環境

研究プログラムに東レが参加していた機縁で、私は『エグゼクティブインレジデンス』という立場で、1979年9月から1980年8月まで、ニューヨークから北へ電車で1時間のクロートンオンハドソン駅から車で5分、軽井沢の別荘地とゴルフ場を思わせるようなキャンパスのゲストハウスで研究者とともに1年間起居を共にしました。43歳の時でした。

これは写真週刊誌『フライデー』が掲載したハーマンカーンの珍しい写真です。ハーマンの運動はもっぱらプールで、日本に来るとホテルオークラのプールの常連でした。シュノーケルをつけて潜水していた時に連絡を取るのが大変だったと仄聞したものです。閑話休題。

　「ハドソン研究所になる前は何だったのか」との私の問いに「IBM の研究所であった」との説明が返ってきました。「その前は？」との問いに「1920年代の禁酒法時代に作られたアルコール中毒患者のリハビリ施設だった」という答えが返ってきたのには驚きました。

　芝生が起伏している広大なキャンパスの木造2階建ての一番大きなビルディング（写真上）が本館で、ハーマンカーンの研究室やライブラリーがありました。その周囲に私が滞在したゲストハウスなど6棟の木造2階建てのビルディングが点在していたのですが、アル中患者の代わりに研究者が、ナースの代わりにセクレタリーが陣取って THINKING THE UNTHINKABLE（考えられないことを考える）という頭脳作業が行われていました。『ENCYCLOPEDIA OF THE FUTURE』を出版するのだと真顔で語る若者がいました。終身雇用制など当時の日本の雇用関係を説明したら「日本は天国だ」とこの若者は言いました。フォード自動車から国防長官に転じたマクナマラ長官に「ハイ！ Bill ！」と呼びかけた YALE 大学のポールブラッケン（Paul Bracken）教授の若き日の姿がありました。口髭を貯えて日本海軍の軍艦の設計図を研究していたノーマンフリードマン（Norman Friedman）研究員がいました。ソ連の4つ星のゼネラルと食堂ですれ違ったこともありました。米ソ緊張の時代に妙な安堵感を覚えたことも思い出の1コ

マです。研究職や事務職に聖母マリアに由来する名前の女性が多かったのも印象深い思い出です。日常会話の中で「マネー」という言葉が頻繁に飛び交っていたのもアメリカでした。
　The New York Times と "STATISTICAL ABSTRACT of the United States"（100th Edition）（写真左）を与えられ、アメリカの何たるかをまさぐる日々が続きました。太平洋岸の貿易額が大西洋岸の貿易額を上回り、アメリカが太平洋国家へのポイントオブノーリターンを通過する分水嶺に差し掛か

っていることが読み取れました。

『Center of Population』（人口の重心）（写真右）というチャートを見つけました。1790年から1970年までの2世紀の間にアメリカの人口の重心が10年ごとに『ウエストモアーランド！』をモットーとして、西へ西へと移動していることを見事にプロットするチャートでした。石油価格がこんなに高くなったのでは生活できないのでカリフォルニアへの移住を真剣に考えている若者がいました。10年後、20年後にアメリカの人口の重心は南西の方角に向かって大きく移動すると確信しました。その通りになりました。

秋には紅葉が見事でした。その紅葉がある朝全部落葉して、木立の向こうにハドソン川が忽然と姿を現しました。紅葉がフォールするから秋（フォール）なのだと納得しました。ハドソン川のすぐ上流のインディアンポイントに原子力発電所がありました。

この時、日本では考えられないことですが、アメリカの公定歩合が13％にまで引き上げられていました。1973年の石油危機の際に1バーレル2ドルで長期安定していた原油価格が一気に5倍の10ドルに跳ね上がった悪夢が覚めたらぬ中、石油が50ドルに跳ね上がり、なりふり構わぬインフレ対策が実施される大変な時でした。石油は一層高騰するという情報が飛び交う中、「ハドソン研究所からの報告だけは石油価格は今がピークと書いていた」と帰国後企画部門担当役員の一言に接しました。

ハーマンはマーケットフォースの何たるかを思考の根本に据えていたのです。ハーマンは『もし米ソが核戦争を戦えば・・・』あるいは『超大国日本の挑戦』などの書物を、生き字引のようなタイピストのおばあさんを相手に『本を語って』いました。ハーマンの巨躯から発信される未来学を習得しながら『毛唐に混じってこい』という時のCEOから与えられた高難度のミッションと格闘した1年でした。

マンハッタンの東レアメリカ社の若い社員の車でJFK国際空港から研究所に到着し、ゲストハウスで1人になった土曜の夜に、ハリケーンDavidがニューヨークまで北上して来ました。翌朝、青空が戻ってはいたのですが冷蔵庫から水滴が漏れ出ていました。停電でした。大木が電線を引き倒したのです。公衆電話ボ

ックスからコレクトコールで電話したくても小銭がありません。仕方なくクロートン駅までカーブする坂道を徒歩で往復して、当座の食料を買い求めました。アメリカには歩道はありませんでした。

　自動車なきアメリカンライフは禁固刑に処せられた牢獄と変わりません。私のアメリカンライフはこうしてはじまりました。

　私は1969年製の3600CCのエンジンを搭載したダークレッドの2ドアのシボレーインパーラの10年物の中古車に乗りました。大きくて豪華な車を造るほど儲かるという体質の自動車産業が生み出した回転数は小さくトルクが大きい6000CCのエンジンを搭載したキャディラックが悠然と走るアメリカで、石油価格の高騰によって低燃費の小型車の需要が急激に増加し、小型車を作れば作るほど赤字というアメリカの自動車産業が生み出したフォードのPINTなど、メイドインUSAの小型車の故障が多発していました。「なぜ故障しないメイドインジャパンのSUBARU1000に乗らないのか」と聞かれる度に「アメリカにおける日本車は日本における軽自動車だ。不慣れな左ハンドルのアメリカでは日本車には乗らない」と強がりを言って、警官の救援でエンストを乗り切りながら自動車のメカニックの解説書と格闘しながら、デストリビューターとエンジンを繋ぐコードをすべて取り換えるなどなど、愛車を愛でながらアメリカンライフをサーバイブしました。カナダのモントリオールで開催されたハドソン研究所の研究会にシボレーインパーラで出かけました。フランス語の道路標識しかないところまで、よく行って帰って来たものです。

　ワシントンまで1回だけ行ったことがありました。ホワイトハウスの正面の公道の駐車ルールの表示を確認して、車を止め、辺りを見物して戻って来たら車がありません。困り果てていたら、年配のおじさんが「タクシーでどこそこまで行け」と教えてくれました。簡易裁判所だったのでしょうか、小柄なアフリカ系アメリカ人の女性判事の尋問を受け、「斯く斯く云々、確かめて駐車した」と問答の末、数ドルの罰金を支払って無罪放免になりました。長居は無用とすぐさま帰途につきました。高速道路の標識を必死で辿って夜中にクロートンに帰り着きました。

　帰国する時に車を譲って欲しいと言われ、電動タイプライターと交換しました。使ったことは1回もありません。1株でもよいからアメリカの会社の株と交換しておけばよい勉強になったと今になって後悔しています。

　私は、研究所のやり方に倣って、インターオフィスメモランダムを毎月1回、

与えられたタイプライターでＡ４用紙数枚にタイプして、受注生産化していたトヨタ自動車のジャストインタイム方式、あるいは、日本の家庭用電力の品質の高さその他アメリカにいて気付いたことなどを回覧したのでしたが、初夏のキャンパスに蛍が飛ぶのをみて「ファイアフライがフライしている」と書いたところ出版物のエディターのアーニーシュナイダーさんから「ファイアフライズがダンスしている」と英語で上書きされたメモが戻って来ました。"Dedicated Exporter and Indulgent Importer" と題して、貿易金融制度に支えられた熱心な輸出国日本と印刷したドルで輸入を続ける怠け者輸入国アメリカの日米貿易収支問題を解説したことが記憶に残っています。ライブラリーに源氏物語の英訳がありました。読者はハーマンでした。

ハーマンから『エデュケーテッドインケーパビリティー』という言葉を学びました。高等教育を受けた者ほど日常の問題に対応できないという意味で、「環境問題を騒ぎ立てるインテリが真冬に暖房をガンガンかけてショートパンツにランニング姿で生活している。庶民は1枚下着を増やして環境問題に対応している」と言って、巨体をゆすって同意を求めていたのが思い出されます。

今一つ、ハーマンから学んだ座右の銘があります。それは『注意深い楽観論』と『BUSINESS AS USUAL と SURPRISE FREE のシナリオ』でした。ハーマンは1983年ハートアタックで世を去りました。享年61歳でした。レーガン大統領から弔意が届いたと報道されました。

1980年8月、共和党の大統領候補を選ぶ予備選挙でロナルドレーガン候補が勝利し、会場の興奮が冷めやらぬ中、今闘い終えたばかりのブッシュ候補を副大統領に指名し、共和党が大統領選挙に立ち向かうのを確かめて、私は8月末にニューヨークからロスアンゼルスまで、鉄道でアメリカを横断し、その間に2回太陽に追い越されるという貴重な体験をして、1980年9月に本社企画部に帰任しました。

その年の11月に2期目を目指した民主党カーター候補を制して共和党が勝利し、1981年1月に第40代ロナルドレーガン大統領が誕生しました。レーガン大統領は8年の任期の後半にゴルバチョフ書記長とレイキャビックで会談し、ソ連共産党をロシアに先祖返りさせる道筋を開きました。8年のレーガン共和党政権の後の大統領選挙でブッシュ大統領が誕生し、ソ連のロシアへの先祖帰りが実現しました。レーガン大統領の8年、ブッシュ（父）大統領の4年を合わせて共和党政権が12年続き、世界の歴史が大きく動きました。

6.東レのコーポレートカルチャーと
ダウンワードインテグレーションのジレンマ

　「東レのコーポレートカルチャーは如何」と問われれば、私は躊躇なく、『TORAY』と『TODAY』を上下2段に配し、その中間に『&』を挿入して、「R&D（研究開発）が永遠の時の流れに東レを繋ぎ留めるというシンボルマークを

TORAY
&
TODAY

'TORAY'

コーポレートフラッグとして掲げ、R&Dの成果の企業化というコーポレートウイルから生まれるダウンワードインテグレーション（川下への事業展開）に内在するビジネスリスク増大と闘う素材メーカーと答えます。『社会に奉仕する』というカルチャーを表す色をコーポレートフラッグの地色にするのが相応しいと考えていますが、まだ社会通念が定まっていないのではないでしょうか。145ページに示した正4面体のコーポレートモデルをプロフェッショナルにデザインして貰って背景にするのも一つの考え方ではないでしょうか。

　ハドソン研究所から企画部に戻った時、東レではコーポレートアイデンティティーが議論され、マーケットとのコミュニケーションを積極化させる意味を込めたシンボルマークが決められました。アメリカのコンサルタントが東レのプロダクトアウトのコーポレートカルチャーに対して『もっとマーケットとの対話を』という意味を込めて提案したマークだと説明を受けました。

　私は、本社の立場で研究開発の成果を如何に首尾よくマーケットに導入するかという課題に取り組み、研究開発の成果の事業化に四苦八苦している新事業開発チームを本社の立場から支援する活動に取り組みました。

　東レは、川上の素材から川下のコンシューマープロダクツに向かって形成されているインダストリーチェインの川上の素材メーカーとして誕生しました。創立の翌年の1927年の職制発令と同時に研究課を設置し、タイヤコード用強力レーヨンと星野孝平博士が開発されたナイロン6など研究開発の成果を次々と事業化し、その間にレーヨン糸事業の収束など事業の新陳代謝を進めました。

　その過程で、海水淡水化を可能にした逆浸透膜や腎臓の人工透析を可能にした中空糸など、革新的機能を持った素材が生まれていましたが、素材のまま販売することは不可能で、最終製品のための部材、場合によっては最終製品そのものとして販売することが必要とされ、その事業化に当たって、否応なしにダウンワー

ドインテグレーション、すなわち、川下に向かった事業進出に取り組まざるを得ず、川下に向かえば向かうほどビジネスリスク、すなわち、投入した人・モノ・カネを回収できなくなるリスクの増大に直面するというジレンマに東レは直面していました。

東レは素材メーカーで、松下やトヨタのようなコンシューマープロダクツのメーカーではありませんでした。水着ショーやアーノルドパーマーのゴルフウエアなど華やかなコンシューマープロダクツを宣伝や企業広報に使っていましたが、その売上高はゼロで、原糸・紡織・染め・仕上げ・縫製工程を経てアパレル製品に至るインダストリーチェインの川上に位置するマテリアル（素材）メーカーでした。

石油化学コンビナートと同様のタンクで合成される液状のポリエステルのポリマーを1次元の線状に成形すればテトロン糸という素材（マテリアル）になり、2次元の面状に成形すれば写真フィルムやビデオテープなどファイナルプロダクツのための部品・資材（パーツ）になり、立体に成形すれがペットボトルのような最終製品（ファイナルプロダクツ）一歩手前の3次元のプロダクツになるのですが、繊維の場合にせよフィルムの場合にせよ、どこまでが素材（マテリアル）で、どこからが部材（パーツ）になるか、ここの見分けがビジネスモデルを決める際に決定的に重要になります。これによって、その事業が素材ビジネスなのか、加工組立ビジネスなのか、ビジネスモデルが変わるからです。私は、『ファイナルプロダクツの生産ラインにそのまま投入可能な状態まで加工されたプロダクツが部材である』と結論付けました。繊維の場合は、染め仕上げ工程が終わった織物は部材、同じ織物であっても白生地は素材と考えると分かり易いと思います。季節の色合いを勘違いして染色してしまえば転用は不可能で、廃棄処分するしか方法はありません。フィルムの場合は2次元でも素材、銀塩を塗布したフィルムは写真やレントゲンのフィルムのための部材、酸化鉄を塗布すればビデオテープやオーディオテープなどのための部材と考えるのです。商品に累積されるビジネスリスクの所在によってビジネスモデルは決まります。

R&Dは東レのDNAであり、東レの魂（ETHOS）です。創業時の東レの魂をここで再確認します。私が読み取った東レの企業化精神は、今の世では考えられない「フルターンキー方式によらない最新技術の装置産業の技術移転」なのです。

東レは三井物産によって、無資源国日本が外貨を獲得するために、時の最先端科学技術によってレーヨン糸を何としても国産化し、輸出して外貨を獲得すると

いうミッションに導かれて年号が大正から昭和に変わった1926年に設立されました。創業28年目の1954年10月1日に発行された451ページの『東洋レーヨン社史─創立25年を記念して─』によりますと、三井物産本社に設立準備室が設置され、英国コートールズ社からの技術導入を検討、あまりに高額な対価の故にこれを断念、続いて米国デュポン社からの技術導入を検討、これもあまりに高額な対価の故に再度の断念を余儀なくされた後、英国、イタリア、ドイツから主任技師を招聘し、三井物産によって『フルターンキー方式によらざる最先端技術の大工場建設』が行われたことが詳細に記述されています。東京ドーム（14,168坪）と同じ15,000坪の大工場の背後の園山の斜面に建設された社宅群の一番高いところに洋館の社宅が建設され、毎日神戸までパンを買いに行ったとの一文が社史に記述されています。

　東レは、タイの織物工場建設を皮切りにインドネシアやマレーシアでその時々の最新鋭技術を持ち込んで合成繊維工場を建設しましたが、いずれも『フルターンキー方式』による技術移転、すなわち、技術ノウハウの伝授を含め工場オペレーターの教育訓練を徹底的に行い、工場の稼働を確認した上、工場を現地に引き渡すという方式でした。

　これに対し三井物産による世界最先端の大工場建設は『フルターンキー方式によらざる日本人による、日本人の、日本人のための冒険的最新技術の企業化』でした。なんという強烈なコーポレートウイルでしょう！私はこれこそ東レの 魂であると考えています。

　ここで、私が取り組んだプロジェクトの具体例を述べます。私は、東レの研究開発活動の中で生まれてきたポリエステルフィルムに炭素を塗布して電流を流すと発熱する面状発熱体のマーケットイントロダクションを本社の立場から支援する役割を買って出ました。この新しい形の発熱体のビジネスモデルを如何にして構築するか、本社の立場からマーケットイントロダクションに取り組んだのです。

7.正4面体が東レのコーポレートモデル

　この時、私は素材を手掛ける企業とコンシューマープロダクツを手掛ける企業のコーポレートカルチャーの越えられない壁にぶつかりました。

　まずぶつかったのはコンシューマープロダクツのマーケットイントロダクションのための戦力と兵站の不足でした。研究開発チームは何はともあれ床暖房マーケットへのマーケットイントロダクションを考え、コンセプトをひとまず形にした試作品を1000セット用意したと私は記憶しているのですが、同じ時期に、アルミの発熱体を用いた床暖房商品に松下電工は30,000セットの試作品でマーケットイントロダクションに取り組んでいたと承知しています。私は、マーケットイントロダクションのエネルギーに異次元の格差を実感しました。

　私がぶつかったもっと大きな壁は、未だこの世に姿・形を現していない製品の開発に取り組む企業のフィロソフィー、すなわち、基本的考え方の相違でした。素材メーカーの東レとコンシューマープロダクツメーカーの商品コンセプトに対する最高経営陣のフィロソフィーの違いでした。

　ホンダが『ODYSSEY』という新車の開発に着手する時、『温泉車を開発せよ』というコーポレートウイルに発するキーコンセプトがトップマネジメントから発せられたと日刊紙に小さく報じられたことがありました。私はこの小さな記事にコンシューマープロダクツを手掛ける企業の新製品開発のフィロソフィーを見ました。これに対して私がハドソン研究所から企画部に戻った当時の東レでは「抽象論はいい加減にして早くものを持って来い」という一昔前のCEOのフィロソフィーが新製品開発のバックボーンとなっていました。

　私は、自然界における生命誕生のセオリーに倣って、コーポレートウイルに根差すコンセプトを卵子、これに掛け合わせるテクノロジーを精子と位置付けて、コンセプトとテクノロジーの掛け合わせのマネジメントこそが本社の最高経営者の役割でなければならないというセオリーを立て、同僚と議論したのですが、その中で、「但馬牛は何ゆえに何時までも但馬牛なのか」という命題が提起されました。「毎年生まれて来る雄牛のナンバー1からナンバー10までは種牛として但馬に残し、ナンバー11からナンバー20までを屠殺し、他県へ種牛として出すのはナンバー21以降」と言うモデルが提示されました。このモデルをもとに私は論理演算を行い、「抽象論はいい加減にして早くものを持って来い」という東レの

フィロソフィーは「会社組織の底辺のレベルのコンセプトと底辺のレベルのテクノロジーが底辺レベルのウイルにもとで掛け合わされ、生命力の弱いグッズが誕生し、誕生した生命の屠殺は憚られるという心情に引っ張られて生命力の弱いグッズの命脈が保たれる」との結論を時のCEOに報告しました。時のCEOから「お前の例えは分かり易い」というコメントを得ました。

　私はほどなく本社企画部門から離れて東レ経営研究所に転じ、大学に飛び込んだ後も帰巣本能を抑えて生きて来ましたので、この結論を時のCEOがどのように経営に落とし込まれたか私は承知していません。

　私は、この論理演算を昇華させ、青く塗ったピンポン球で東レのバックボーンである『素材ビジネスの東レ』を、赤く塗ったピンポン球でR&Dの成果から生まれる『川下遡求型のファイナルプロダクツビジネスの東レ』を、緑を塗ったピンポン球で科学分析やビジネスホテルなどのサービスを含めた『ノングッズビジネスを志向する東レ』を表現し、光の3原色を塗った3個のピンポン球の上に『本社とR&Dの東レ』を示す白いピンポン球を配し、これを東レの理想のビジネスモデルとする報告を私の結論として企画調査部門における東レの本社勤務を終えました。

　ヤマト運輸の小倉昌男社長は立派でした。運輸業界の小売業である赤の『宅急便』事業を伸ばすためにまだ命脈を保っていた卸売業である青の『商業物流』事業を収束し、リスクマネジメントに見事に成功されました。今1点、小倉社長の足跡を書き留めて置かねばならないことがあります。それは業界を所管する運輸省に対し行政訴訟を起こされ、所期の目的を達成されたことです。『宅急便』の革新性が評価され、全国95％にネットワークが完成された時点で山梨県は県内の業界の反対で『宅急便』が認可されていなかったのです。

　小倉社長はファイターでした。監督官庁に対して裁判を起こすという激しさだけでなく、身体が不自由な人たちによる街のパン屋さんの創業を支援する心優しいファイターでした。閑話休題。

　青と赤を混ぜると紫になります。紫はウインブルドンテニスのシンボルカラーで英国王室のイメージに通じます。素材ビジネスとファイナルプロダクツビジネスはビジネスリスクの在り処とリスクテイクする原理原則が異なるが故に同じビ

ジネスに含めてはならないことを示そうとしたのでした。

　「離れ行く分社ではなく接点を持った分社」という私のコンセプトは、テトラポットがそうであるように、正4面体は外部からの破壊力に対して最も頑丈であるというコメントを東レのバックボーンを構成していた研究開発部門のサイエンスとテクノロジーのプロフェッショナルから得ることができました。閑話休題。

　4個のピンポン球が時と場合に応じてその位相を自在に変えながら、時代のチャレンジにレスポンドして、東レがサーバイブして行けることを考察の要素としたものでした。また、本社とR&Dの白いピンポン球が上に乗っかった状態で上下軸に沿って高速回転させれば。この正4面体を上から見ると全体が白に変容した姿が現れる筈です。

　私がこの最終報告をまとめていた時、眼鏡拭き『トレシー』の機能を生み出している1グラムの塊を東京から広島まで延伸した時に実現される細さを持つ東レの超極細高機能新素材、あるいは、ボーイング787の機体に用いられている軽くて強い炭素繊維複合材料などの高機能の新部材、さらに言えば、その成形技術によって一気にコンシューマープロダクツの世界へワープするソフトコンタクトレンズのような東レのスペシャルティーあるいは特許で護られたプロプライエタリー商品を正当に評価して貰うために国防の分野へアプローチしようという動きが具体化し、企画部の中に森本忠夫取締役をリーダーとするグループが編成され、私はその活動の一翼を担うことになりました。

　頸椎に強い加速度の負担を受ける戦闘機のパイロットのために炭素繊維を使った軽くて強靭なヘルメットが完成すれば、オートバイライダーのヘルメットのマーケットイントロダクションに繋がるという発想でした。

　防衛庁の組織機構のどこにアプローチすべきか見当もつかない状況の中で私は防衛庁から顧問を迎える折衝に当たりました。「地球は想像以上に丸い。25キロ先を航行している敵艦のマストの先端が水平線に出るその瞬間をどちらが先に発見するかが海戦の勝敗を左右する」、あるいは、「太平洋戦争末期に小型潜水艇による特攻が着想されたのは、敵の駆逐艦から爆雷攻撃を受けて、潜水艦の船体から軋む音が出る限界まで深く潜航した時であった」という海軍OBの話を直接聞きました。軽々しい批判は許されないと私は重く受け止めました。

　この活動の中から炭素繊維製のステルス戦闘機の部材を防衛庁へ納入する場合、たとえそれが幅数センチ、長さ2メートルほどの1枚の板であっても会社全体の

決算資料から数字を拾い出して経費率という膨大な計算資料の提出が必要とされました。その資料は経理部門の協力なくして作成し得るものではありませんでした。私は防衛装備協会の専門家と経理部門の専門スタッフの丁々発止の議論を拱手傍観するのが精一杯でした。

8.東レ経営研究所取締役・設立発起人就任

1985年7月、49歳になった時、森本取締役から「東レ創立60周年記念事業として経営研究所が設立されることになり、初代社長を下命された。ついては私を経営研究所の取締役・設立発起人に起用する。思う存分力量を発揮せよ」と申し渡されました。晴天の霹靂でした。設立発起人は6名、私を除く全員が東レ本社の役員でした。

東レ経営研究所（英文名 TORAY BUSINESS RESEARCH INC. 略称 TBR）は1986年7月1日、資本金3億円の株式会社としてインダストリーベースの THINK TANK として活動をはじめました。TBR は企画部門をベースとした THINK TANK ユニットと人事部門をベースとした教育研修ユニットで構成されました（写真は創業時に三島事業場に新設された教育研修施設）。

TBR 発足に当たって、社内情報誌『東レマネジメント』に「新しい価値の創造」・「触媒」・「情報結合」というタイトルで東レ経営研究所の発足について寄稿していたことを思い出しています。自らも新しい価値の創造に参画しつつ、東レグループ全体の新しい価値の創造活動に触媒の役割を果すこと、マネーによる結合を情報によって一層強固にしようという発想でした。

森本取締役（写真左）は、私より10歳年上で、鹿児島の特攻基地で終戦を迎え、「もし、貴様が生き残ったら、戦闘機が爆弾をかかえて体当たりしなければならなかった事実を、きっと後世に伝えてくれ」と言い残して飛び立って行った戦友の言葉を伝えることをライフワークとしながら、東レの共産圏貿易を開拓された京都大学経済学部の先輩でした。「あいつらに申し開きが立

たん」と言って、麻雀など遊びごとには一切無縁の会社生活をされていました。「神風特攻基地で、夜遅く、明日の出撃を前に特攻隊員が車座になっている時に『コツコツ』と足音が聞こえ、上官が現れ、明日の出撃者氏名を申し渡しにきた。もし自分が1人息子の長男でなかったら、遠い昔に海の藻屑となっていたであろう」と語られたことがありました・・・。東レに勤務しながら『魔性の歴史』（写真左：文芸春秋社1990年）その他多くの著作を残されたのは「東レが三井物産という会社によって設立された素材メーカーであったために許されたことである」と今思っています。閑話休題。

ある日、「かくかくしかじかについて見解を問う」と森本社長から問われて「一晩考えます」と答えたところ「馬鹿者！一晩考えているうちに引き合いは消え失せる。以後、即断即決を求める」と叱責されました。スタッフ育ちの私へのラインの長の心構えを教える『帝王学』でした。

森本社長はグッズを扱わない情報・サービスを事業とするビジネスにおいては話題性が必須との考えから、自ら日本の共産圏貿易のパイオニアを務めた経験を基礎に『共産主義ソ連の政治経済と技術の研究と提言』をTBRの中心テーマに据え、折から西欧諸国から合弁事業の勧誘に着手していたゴルバチョフ書記長率いるソ連から高官を招聘し、経団連会館で『ソ連合弁法セミナー』を開催されました。「共産主義ソ連は『本気で世界制覇を狙っていた』というソ連高官の話を聞かされて、背筋が凍る思いがした」というセミナー終了後にぽつりと洩らされた森本社長の一言を書き留めておかねばなりません。

私は、宇宙船地球号を北極上空から鳥瞰した米ソ対決を示す世界地図を表紙に配し、『WORLD CONFIDENTIAL REPORT』、『ECONOMIC LETTER』、『WORLD TECHNO TREND』という3種類の月刊レポートの発刊と新製品開発のサクセスストーリーその他のセミナーの開催を事業内容とするTBRのPRパンフレット（写真上）を作成して、TBRを離陸させるべく業務に精励しました。今になって反省していることがあります。それは「エレクトロニクスの90％はケミストリーである」という『年代別科学技術史』の著者松下電器副社長城阪俊吉工学博士の言葉を『WORLD TECHNO TREND』の編集後記に一度書き留めた

だけで、反復連打しなかったことです。

　1989年10月、私に1本の電話が架かってきました。「東京工業大学の学長を務められた齋藤進六先生を迎え、山梨県上野原町に21世紀をリードするコンピューターとバイオサイエンスと新素材の3学科に新技術を事業化するための経営工学科を配した4学科編成の『西東京科学大学』(NISHITOKYO UNIVERSITY OF SCIENCE AND TECHNOLOGY) が設立される。経営工学科の経済・産業・企業に関する講義を担当する教員には産業界出身者が起用される。大学に来ないか」と伝えられました。

　齋藤学長と面識のあった東レの誰かから私の名が伝えられたのでしょう。東レで学んだ開拓者精神に火がついて、ともかく「シートベルト着用サインは消えたが、なお席を立たないで下さいというサインが点灯しているところまで TBR は離陸した」と私は判断して、森本社長に「大学は1990年4月に発足する予定だけれども、新入生が専門課程に進学する2年後の1992年4月に大学への転出することを許して頂きたい」と申し出ました。森本社長の返事は「了解！」という一言でした。『戦艦大和の最期』の著者が伝えられたスマートな海軍士官の一言を聞く思いでした。私は第1期生に対する専門課程の講義がはじまる1991年9月まで、何事もなかったように産業に軸足を置いた THINK TANK の基礎固めに邁進し、1992年4月に大学に転じました。

　1989年の残暑厳しい頃でした。森本社長から「依田直也専務がマサチューセッツ工科大学の総長が教員を総動員して取りまとめた"MADE IN AMERICA"の翻訳・出版に当たることになった。TBR としてバックアップする。全面的に支援するように」と下命されました。

　本書は「To live well, a nation must produce well.」という一言にはじまり、「生産システムは生産の機能だけではなく、アイディアを着想 (CONCEIVE) する機能、プロトタイプを作成 (DESIGN) する機能、量産スペックを確立する開発 (DEVELOP) する機能、生産 (PRODUCE) する機能、販売 (MARKET) する機能、配送 (DELIVER) する機能という6つの機能を併せ持つ」という広い観点を打ち出し、さらに「企業の競争力は新しいコンセプトが製品として形を与えられ、市場に導入されるスピードによって決まる」と論じていました。見事な論点でした。

　冒頭の簡潔な一文が「国の繁栄はその国の生産力にかかっている」という依田専務の名訳を与えられて書店の店頭に並べられたのを見届けた私は、本書を日本の誰よりも深く読んだとの自負を持って1992年4月に西東京科学大学経営工学科

教授として大学の世界へ飛翔しました。東レ・東レ経営研究所を通算すると在籍33年、55歳の時でした。依田専務から東レ経営研究所常務取締役チーフエコノミストへの感謝の言葉を翻訳出版された『Made in America』の訳者あとがきに頂戴しました。

9.チャレンジ&レスポンスという東レの歴史と Long Live The TORAY!

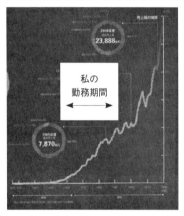

　2018年度の東レグループの売上高は2.38兆円、純利益878億円と報告されています。売上高と純利益の各分野別構成比は、繊維41％・43％、機能化成品36％・40％、炭素繊維複合材料9％・7％、環境エンジニアリング11％・7％、ライフサイエンス2％・1％です。

　左のグラフは1926年度から2018年度までの東レグループの売上高です。10年を単位とした目盛りを横軸に、縦軸に5,000億円を単位として目盛りを刻んでいます。1985年度のグループの売上高7,878億円が2018年度に2兆3,888億円に増加しています。私の東レ勤務は1959年から1992年までの33年間でした。やがて創業100年を迎える時の東レに向かって"LONG LIVE THE TORAY！"の心境です。

　大学に転じた後、私は帰巣本能を抑えて日々を過ごして来ましたので、東レの現役のCEO各位とは全く面識がありません。しかし、東レ発祥の地である琵琶湖畔の地元で育った人間が東レに勤務する中で薫陶を受け、その謦咳に接した明治生まれの田代茂樹会長、東京大学工学部機械工学科を卒業と同時に『フルターンキー方式によらざる最先端技術の新産業の立ち上げに従事、戦後、50歳の若さで社長に就任、池田内閣より早く経済10年見通しを調査部に下命され、私たち1959年の入社訓示を最後に他界された袖山喜久雄社長、石油化学産業へのバックワードインテグレーションを許されなかった森 廣三郎社長の経営に立ち向かわれた姿を現役のCEOに伝えることは許されてよいでしょう。

　森本東レ経営研究所初代社長の導師は森 廣三郎社長でした。「見る人のこころ

こころにまかせつつ高嶺にかかる秋の世の月」という和歌をもって株価に関する株主総会の質問を軽く受け流された寡黙な方でしたが、石油化学へのバックワードインテグレーションには頑として首肯されなかったことを特筆しておきたいと思います。デュポン社、インペリアルケミカルインダストリーズ社が石油の供給先細りに対処すべく、石油産業へのバックワードインテグレーションを行いましたが、両社とも撤収を余儀なくされた事実を歴史は伝えています。物産マン時代に、ニューヨークで世界を相手としてゴム相場で闘われたマーケットフォースに対する信念がその判断の基礎になっていたのだと私は思っています。「騙すな、騙されるな」、「ものを買うという意思決定は命がけの飛躍から生まれている」、「なぜ絹は光沢があるのか。蚕の口から紡ぎ出されるからではないのか」という森社長の言葉を私は森本東レ経営研究所社長から受け継いでいます。

1945年、私が9歳であった時のことも伝えておきたいと思います。終戦前の晴れた日の午前、琵琶湖畔の自宅で一発の爆弾の投下を知りました。東レに入社後、滋賀工場に爆弾が1発投下されたこと、それが機械工場の一角の魚雷生産現場であったことを知りました。投下された1発は見事に命中していたと聞かされました。繊維工場の一角で魚雷が密かに生産されていたことを調べ上げていたアメリカの情報収集活動の緻密さを思い知りました。

平成から令和に年号が変わった2019年5月、新幹線三島駅近くの東レ総合研修センターで開かれた1959年東レ入社83名の同窓会の60周年記念会に出席しました。出席者は12名でした。

東レ総合研修センターは1996年に、経営研究所の教育研修ユニットの所在地に「企業の盛衰は人が制し、人こそが未来を拓く」という時のCEOの東レへの強い思いから建設されたとされていますが、発足当時の教育研修ユニットの面影は宿泊施設の一部にわずかに残されるだけで、高層ビルを含む立派な研修センターに面目が一新されていました。経営研究所教育研修ユニットがその運営に当たっているのをつぶさに見て、小さく生んで大きく育てることを念じた設立発起人の1人として多くの思いが交錯しましたが、創業から現在に至る東レの歴史とその時々の歩みが具体的に展示されていたこと、何よりも創業当時の本社工場に保存されていた『東洋レーヨン社史—創立25年を記念して—』に引用された数々の原資料あるいはナイロン6の初紡糸に成功した設備がそのまま展示されていたのを見て、私は感激しました。

東レが依って以って立ったアイデンティティーの根幹となる歴史事実がしっかりと展示されていたからです。歴史事実に秘められたその時々のCEOと現場を支えた社員のミッション、例えば、超極細繊維を開発された膳所高校同期生の岡本三宜岡本研究室長の温顔と研究者としてのミッション、パッション、アクション

、ことに、そのコンセプトが閃いた時に去来していたミッションを伝える工夫を求めたいと思いました。その時々の東レを支えた社員の渾身の力によって東レは支えられ、引き継がれてきたからです。

　大学に転じた後、私は、総合研修センターが開設されたことを仄聞していましたが、センターで1泊2日の同窓会に出席し、工場見学の後旧交を温める機会を得たことは誠にありがたいことでした。

　東レは、創業を導いたレーヨン糸事業を僅か37年で収束し、合成繊維その他の新事業に転換するなど、英国の世界的歴史学者アーノルドトインビー博士（写真左）の『チャレンジ＆レスポンス』という歴史の教訓通りの道を歩んでいます。

　私は大学2年生の時に法経第4教室でトインビーを見ました。カーキ色の背広を着た赤ら顔の英国紳士であったことだけ記憶に残っています。世界の歴史学者のセオリーをしっかりと理解できたのは、調査部に着任後、国際文化会館で行われたトインビー博士の講演会に田代会長の命を受けて代理出席し、『歴史の教訓』（写真左：松本重治編訳 岩波書店1957年）によってそのセオリーを学んだ時でした。

　チャレンジとは I.S.E.D. によると 『① a question by a soldier on guard to find who is there. ② a call or an invitation to fight, to run a race, to play a game, etc.』（p.136 L）と説明されています。①は、歩哨の任務に当たっている兵士が人影に気付いてそこにいるのは誰かと誰何する行為、②は、決闘の申し込み、あるいは、力比べやゲームをしようという呼びかけと説明されているのですが、弱いものが強いものに挑むというのとは真逆の構図が示されています。

　その時々の社会を形成しているソフト（人々の価値意識＝value）とハード（手法＝technology）は常に変化します。この変化がチャレンジという言葉の本当の意味なのです。世の中の変化について行けないものは恐竜のごとく歴史から消え去る運命を免れません。消え去るわけにはいかない、死んでなるものかという行動が起こります。これがレスポンスという言葉の本当の意味なのです。

このレスポンスの中から歴史が切り拓かれます。このレスポンスの中からしか歴史は切り開かれないというのが私の人生の結論です。

　この世には2つの立場があると私は考えています。『コンサーバティブ』と『リベラル』です。私は、歩んできた過去の歴史の中にVALUE（依って以って立つべき信条）を見出し、この世に対処するのがコンサーバティブ、歴史がたどり着いた現在にVALUEを見出し、この世に対処するのがリベラルと考えていますが、企業経営を含め『政』（まつりごと）を預かる者は、軸足をコンサーバティブに置いて、政の重さに耐え、支え抜かねばなりません。

　　　大学に転じてからのプライベートな観光旅行で南ドイツのホルシュタイン城を訪れた時、私は望遠レンズを構えてこの写真を撮影しました。建物の正面の4本の柱の重みを渾身の力で黙々と支える4人の男の像です。どんな歴史上の人物か私は知らないのですが、今もデスクの上に掲げて、歴史からのチャレンジにレスポンスしようとする不撓のエネルギーをこの人物像に見ています。

　世間では変化について行けない人に国から救いの手を差し伸べよと主張するリベラルの人気が高く、選挙で大きな声で呼びかけています。しかし、私はこの立場に組みしません。歴史が答えを出しているからです。真の改革ができるのはリベラルではなく、コンサーバティブで、リベラルができることは所詮ばらまきに終わっています。ハーマンカーンがロシア革命について、共産主義が大衆を潤したのはロマノフ王朝の富をばらまいた時までであったと喝破していたことが思い起こされます。共産主義ソ連がやったことと言えば、支配下に入れたチェコのスコダという自動車をソ連に持ち帰ったことを忘れていません。

　歴史は東レに対してチャレンジを続けます。その核心は、フォアワードインテグレーションから生まれるビジネスリスクを如何に首尾よくリスクテイクするかに凝縮されます。アニヒレート（annihilate；destroy completely）、すなわち、リスクを殲滅するか、その知恵が求められます。

　最後に、私が東レ勤務の中で習得した知識と東レを離れた後大学での研究から生まれたビジネスリスクの内容とリスクをアンニヒレートする手法と管理についての私のセオリーを書き留めます。

　"Long Live The TORAY！"東レの前途に幸多かれ！ 東レバンザイ！の三唱です。

10.フォアワードインテグレーションのリスクと そのアニヒレート戦略とリスク管理!

「ここに1人のカストマーがいる。このカストマーのマインドの中にある意中の洋服を命中させよ」というのが私のビジネスリスクに関する命題です。

このカストマーがそのマインドに思い描いている①素材は何か、コットンかウールかシルクか、リネンか、マンメイドファイバーか。②織組織は何か、サージか、ギャバジンか、平織か、杉織か、ニットか。③色柄は何か、紺か、ベージュか、黒か、ライトグレーか、ピンクか。④TPOは何か、ビジネスか、カジュアルか、フォーマルか、冬か、夏か。⑤サイズは何か、SSか、Sか、Mか、Lか、XLか。⑥男性か、女性か、ヤングか、中年か、熟年か。以上6つのカテゴリーに各5個の選択肢を用意し、カストマーの頭（マインド）の中に描かれている意中の洋服を命中させ得る確率は $5 \times 5 \times 5 \times 5 \times 5 \times 5 = 5^6 = 15,625$ 分の1となります。これが見込み生産のビジネスリスクです。

このビジネスリスクをアニヒレートするのは生産工程におけるカテゴリーの統合とマーケティングにおけるソリューションエンジニアの活動による受注生産化とその後の現金決済です。

大学勤務が終わりに近づいた頃、研究室の学生諸君のほとんどがユニクロのフリースのアウターウエアを着用していました。私はユニクロの収益が上がらない理由はないと思ったものでした。①素材はポリエステル、②織組織はフリース、③色柄は5色、④TPOはカジュアル、⑤サイズは5、⑥プロフィールはヤングと絞り込まれるので、リスクを幾何級数的に増大させるカテゴリーが6から2へ絞り込まれ、$5 \times 5 = 25$ 種類の製品を用意すれば意中の洋服を命中させることができるというビジネスモデルが読み取れたからです。

私が東レに在職していた当時、営業はセールスと考えられていました。大学に移って考察を重ねた結果、私は「営業とはソリューションエンジニアの活動である」と結論づけ、研究室の学生諸君に、「カストマーのマインドの中にあってまだ姿・形になっていないコンセプトを察知して、その解決策（ソリューション）を会社の上司・部下・関連部署と力を合わせ、総力を挙げて練り上げてカストマーに提案し、納期通りに納品して満足してもらって、代金を頂く活動」こそがソリューションエンジニアの活動であると教えました。セールスはバナナの叩き売り

のようにすでにでき上がっているグッズを売り切る活動なのです。

　現金決済について私は、東レに在職した当時の三井銀行会長の卓見に基づき『金融とは購買力の移転』すなわち「金融とは通帳の上での数字の転記である」と定義し、世界中の法貨の決済がインターネットバンキングの中で瞬時に行われるようになっているので、即実行可能と考えています。通貨には3つの機能、すなわち、価値尺度、決済、価値の保蔵という機能がありますが、こと決済に関する限り、必ずしも法貨に頼らない時代の幕が開かれようとしています。

　リスク管理について最後に記します。会社が曝されているビジネスリスクと対応の状況、すなわち、会社の業績と存続の可能性は、決算書を眼光紙背に徹して読み取れば浮かび上がって来ます。決算書は損益計算書と貸借対照表で示されます。家計で言えば毎月の収支状況を示すのが損益計算書で、貯金と金融資産と土地建物などの不動産の状況を示すのが貸借対照表で、損益計算書の数字は会社の収益の状況を示し、貸借対照表の数字は、現在の事業を行うための資金の出所、すなわち、株主の出資金なのか銀行からの借入金なのか、集めた資金がどのような事業にどれだけ投資されているかを示すものであると説明されています。

　新事業を立ち上げた時の損益計算書と貸借対照表の数字の評価について、東レ在職中にコンシューマープロダクツを本業とするソニーの担当者と意見交換した際の驚きを書き留めておきたいと思います。

　ソニーでは3年で損益計算書が黒字化しない会社を解散させるのは当然だが、貸借対照表も黒字化しない場合その会社は解散とのことでした。新事業への投資を3年で回収できなければその新事業は解散ということと私は解釈しました。巨額の設備投資を必要とする素材産業ではあり得ないことだと思いました。ビジネスモデルの相違と言えばそれまでですが、如何に素材といえども炭素繊維事業の赤字は東レでなければ認められなかったであろうという評価を大学に転じた後に仄聞したことがあります。素材メーカーのインダストリアルエコノミストとして誇りに思いましたが、正4面体の東レのビジネスモデルの青色の素材ビジネスの世界に限定しなければならない認識だと思ったものです。同時に、赤色のピンポン球に属する東レのビジネス、さらに、緑色のピンポン球に属する東レのビジネスについては、3年とは言わないまでも、貸借対照表の黒字化の期間は厳しく管理されねばならないと思ったものです。これはそれぞれの会社のビジネスディシプリンの問題です。

11.西東京(現帝京)科学大学マネジメント
エンジニアリング学科で過ごした15年

東京工業大学の先生方と産業界出身の先生方を中心に固められた経営工学科は、東工大をはじめ全国の経営工学科がインダストリアルエンジニアリング学科と表記されていた時にマネジメントエンジニアリング学科という英語名が与えられていました。私は、躊躇なく、The Institute for Research in English Teaching が英語を母国語にしない人々のために1942年に出版し、同年日本で開拓社によって出版され、今なお出版され続けている IDIOMATIC AND SYNTACTIC ENGLISH DICTIONARY (I.S.E.D.)（写真左）で、エンジニアリングの定義を調べました。「the science of building and controlling machines, ships and roads, etc.」、すなわち、「機械、船舶、道路その他を構築し、制御する科学」であると書かれています。同時にサイエンスとは「knowledge arranged in an orderly manner, especially knowledge of the way in which one causes another.」、すなわち、「秩序立てて並べられた知識、とくに、ものごとの因果関係に関する知識」と説明されていることを確認しました。

この説明の中の「etc.」に経営を当てはめたのが『経営工学』であることを確認し、私はゴールドとプラチナを組み込んだ2つの輪を表紙にしたパンフレット（写真左）を作成するとともに担当する講義と卒業研究の内容を準備しました。

大学には55歳から70歳まで15年間勤務しました。この間、6年間学科長を務め、『マネジメントエンジニアリング学科』という英文名を与えられた経営工学科に恥じないカリキュラムを作り、自ら、カリキュラムの内容を概説する経営工学概論、内外の政治経済の変動と展望を講義する企業環境論、新しいグッズとサービスを生み出すプロセスを解明するコンセプトエンジニアリング、サービスの価格が稼働率の函数であるというセオリーを論じたサービス産業論、ビジネスゲーム演習、卒業研究指導などを担当し、137名の卒業研究を指導して、社会に送り出しました。

大学に移って5年目の時でした。研究室に参加したA君から「メーカー希望小

売価格8,000円のナイキのシューズが八王子で15,000円で売れている。何故か。卒業研究で取り上げたい」という申し出を受けました。「ナイキはアメリカの会社だが、資料はあるのか」との私の問いに「ここにあります」と提示されたのはA4版で1センチもあろうかという分厚い英語の資料でした。インターネットが繋がりはじめたころの話で、ナイキのアニュアルレポートをプリンターが際限なくプリントアウトしたものでした。一緒に読みました。私自身びっくりしました。MITが『MADE IN AMERICA』で体系化した新製品創出の6つの機能、すなわち、CONCEIVE⇒DESIGN⇒DEVELOP⇒PRODUCE⇒MARKET⇒DELIVERのうちナイキが手掛けるのは前半のCONCEIVE⇒DESIGN⇒DEVELOPの3機能と後半のMARKET⇒DELIVERの2機能だけで、肝心要のPRODUCEの機能はベトナムでもどこでもよいと書かれていたからです。ナイキは見込み生産のない会社で、だからアウトレットセールスがない会社なのだということがわかりました。後年A君と再会した時に「先生、この僕が会社のコンピューターの全責任者になっています」と話してくれました。2度目の再会時に「自分が居なくても会社の仕事が滞らないような取り組みをしています」と語ってくれました。欣快でした。

　B君のこと、C君のこと・・・書き留めたいことがいろいろある中で、D君のことを書き留めて置かねばなりません。

　大学に移って、10年目、20世紀が21世紀に切り替わった2000年の秋たけなわの頃でした。研究室に所属することになったD君が「先生、会社を作りましょう」と言って来ました。「何の会社」という私の質問に「オーダーメイドパーソナルコンピューター」という回答。「作れるものなら作って見よ」と言ったのですが、一緒に来た仲間と研究室のPCに前に座っているなと思う間もなく、「先生、明日30万円用意して下さい」と言うことになりました。

　こうして大学の職員宿舎用の私のプライベートユースのPCが調達されました。資本金1円の会社が未だ作れなかった時代で、4駆のビッグホーンを新車に買い替えるのを一生断念して、私は、資本金300万円を捻出して有限会社ウエノハラPC工房を立ち上げました。定款の作成、資本金預託、法人登記など一連の会社設立手続きはすべて学生諸君と共同で行いました。

　私はPCの組み立てはできませんでしたので、学生諸君が巣立って行った後、しばらく、売上高はゼロで、国の法人税はゼロでしたが、毎年県民法人税21,000円、市民法人税50,000円を納税しました。第7期を迎えた2007年から、PCをパ

ストラルコミュニティーと読み替えて、ワンマンワンボスの地域活性化研究の拠点としています。令和元年7月1日から第20期の営業年度を迎えています。

　私は卒業研究のテーマに、MITが"MADE IN AMERICA"で提示した新製品や新サービスの創造方程式、社史に基づく企業研究、学生諸君の持ち込んだテーマなどを取り上げましたが『地域通貨研究』を推奨しました。1930年代の世界恐慌の際に国の通貨が機能不全に陥ったオーストリアで地域通貨が誕生し、人々の生業を支えたが、経済の混乱が収束される過程で『地域通貨は違法』とされ、潰え去った歴史を学んだからでした。大学が新設された上野原には地元商店街のケヤキシールがあり、シールを張り付けた台紙が金券として扱われている現状を何とかして地域通貨にできないかと考えたためでした。この地で行われている無農薬自家菜園の朝採りの新鮮野菜とパソコン操作の手ほどきなどのモノとサービスの交換などを地域通貨で取引すれば法貨では表示されない豊かさが可視化されるので、地域活性化の梃子になると今も思っています。

　地域活性化への貢献については、地域通貨研究の他に、上野原が絵にかいたような河岸段丘の街で、川筋から高台に吹き上がってくる風のさわやかさが関東ローム層の首都圏には求め得ないクオリテイーオブライフの源泉であること、このことをうまく表現するために、河岸段丘という言葉を使うのを止めにして、上野

原では『リバーテラス』というカタカナを使いましょうと提案したり、『風の幸』を商標登録したりしています（写真左上）。東レ時代から持ち続けたアイディアを登録商標できたことも手ごたえを感じることでした。それは『水は炭素がゼロのアルコールである』という着眼を『$C_0H_1OH=H_2O$』という商標にしたことです（写真左下）。学生諸君に「社会へ出たら否応なしにアルコールに出会う。その時に、私はアルコールは駄目なのです、あるいは、車を運転していますので今日は飲めないのですなどと言って、パーティーの隅っこに引っ込むことなく、堂々と『これは炭素がゼロのアルコールです』といって歓談するように」と本気で話したことを思い起しています。

　私はこの2件の商標をワンマンワンボスの地域活性化研究の拠点としているウエノハラパストラルコミュニティー工房の無形固定資産として保持しています。使えると思う方に対価はゼロ～Xの範囲で、出世払いで提供したいと思っています。

　大学での教授会での話題について書き留めておきたいことが3件あります。1

件は、「大相撲の大関を張った小錦の身体の脂肪はゼロ、すべて筋肉だ」という
バイオサイエンス学科の先生からの話題、今1件は、「地球を守るオゾン層がな
くなれば、地球は太陽からの磁力線に曝されて電子レンジに入れられたような有
様になる」という電子情報学科の先生からの話題です。「石油と石炭の化石燃料
は太古の太陽光線が動植物の体内に蓄積され、地下深く今の世に伝えられたもの
であるが故に有限、太陽熱は核分裂ではなく核融合から生まれているが故に無
限」というインダストリアルエコノミストの「CAUTIOUS OPTIMISM」（注意深
い楽観論）に一石を投じられた思いでした。もう1件は、地球に隕石が衝突して、
地球の自転が一瞬間停止した時、神話に言われる真っ暗闇が生じたのではないか
という仮説です。閑話休題。

　大学で若い学生諸君と出会って、授業に、卒論指導に、東レ経営研究所時代か
らフォローし続けた国際金融、国際情勢の研究、ウエノハラ PC 工房による地域
活性化研究などなどに充実した日々を過ごしましたが、今も慚愧の念に堪えない
ことがあります。経営工学科は創立8年後の1997年に定員120名の学科に150名
を超える新入生を迎えようとしていました。その年の4月に学科の名称が経営工
学科から『マネジメントシステム学科』に変更されたことです。150名を超える
新入生は『経営工学科』を目指して志望大学を決め、入学試験を受けていたので
すが、入学したのは『マネジメントシステム学科』だったのです。
　日本鋼管で低品位炭をミックスして最高品位のコークスを生み出す研究で世界
の鉄鋼業界最高のベックマン賞を受賞された宮津 隆教授の品質管理の講義、同
じく宮津教授による確率論に基づくプロ野球の統計解析を研究室のテーマとされ
た卒業研究指導など、産業界出身の先生方の努力によって『マネジメントエンジ
ニアリング』という特徴あるカリキュラムが評価され、定員120名の学科に全国
から150名の新入生を迎えて、学科が基礎固めから充実の時に移ろうとしていた
時に、理系イメージの学科名称を文系イメージの学科名称に変更することを目的
とする学科名称の変更が学科会議に提案され、私をはじめ現場の教員全員の反対
にもかかわらず『大学の上意』としてこの提案は実行に移されたのでした。採算
ラインの定員120名の学科に30名も多くの新入生が入学したのですから、1年間
の授業料が300万円とすると9,000万円も損益分岐点が引き上げられていた時で
した。私は「上官の命令に不服がある場合は、組織を離脱するか、服従するかの
2者択一」というアメリカ海軍大学の “SOUND MILITARY DECISION” の教え

に従って、学科長として学科名称の変更を受け入れました。面従背腹はあり得ませんでした。

　当時、はじまったばかりのインターネット検索で、経営工学という概念は相当ヒットしましたが、マネジメントシステムという概念はほとんどヒットしませんでした。世の中で通用する言葉ではなかったのです。かくしてわが学科は、学科名称の変更の結果、受験生、受験指導に当たられた先生方、そして何よりも子供の学資を負担されるご両親にとって、何を教える学科かわからなくなってしまったのです。その結果、新入生はポップ・ステップ・ジャンプの勢いで激減し、2002年4月に募集停止、2005年3月に最後の卒業生を送り出して学科は消滅しました。

　私の手元に"SOUND MILITARY DECISION"の初版のコピーがります。

　東レ経営研究所森本社長がプレジデント誌の対談で「アメリカでは作戦を決定する際にスータビリティー、フィージビリティーの他にアクセプタビィティーという第3の判断基準があったのに対し、日本ではスータビリティー、フィージビリティーという2つの判断基準しかなかった。アクセプタビリティーという第3の判断基準、すなわち、損害の許容可能性という判断基準があったならば、特攻作戦はあり得なかった」という趣旨の発言をされたのを海軍時代に潜水艦に乗務されていた東洋紡績（株）の瀧澤三郎社長が気付かれ、同社ニューヨーク駐在員を通してアメリカ海軍大学から入手され、ダイヤモンド社から1991年10月に『勝つための意思決定』（写真左）として翻訳出版されたものです。

　この間、2004年10月に上野原市機械器具工業協同組合が50周年を迎える機会に『上野原とこれからの世界』と題して思いの丈を述べてみないかとの話がもたらされました。私はこの機会を与えられたことに感謝し、この時点の私の知識と見解を集大成した講演原稿を作成し、竣工直前の上野原市役所に併設されたモミジホールで講演しました。

　米中国交回復と中ソ同盟条約解消の歴史が不即不離であったこととMITが"MADE IN AMERICA"で示したプロダクションシステムについての考察を基礎に据えて、「①世界平和、②自由貿易体制、③事実上のドル本位体制の下でじりじりとドル安が進行すること、④日本が新製品・新サービスの世界的産地になるという条件の下で、日本は、資源がないという致命的欠陥を変化への適応を容易にする天与の条件と位置付けて繁栄を続けることが可能」との所信を述べまし

た。講演原稿を https://uenoharapc.jimdo.com に掲出しています。

この時の論考はアメリカ合衆国トランプ大統領登場を評価した私のスペキュレーション（a guess ; an opinion that is not supported by facts.）の基礎となっています。

このほか、地域研究として、小泉政権が開始した構造改革特区制度を活用し、『地域通貨』と『デマンドミニバス』に関する特区提案を行い、帝京科学大学紀要に投稿しました。

私は、古くは電力の鬼と言われた松永安左衛門氏、あの有名な松下幸之助会長、日経新聞の私の履歴書で取り上げられた東洋紡績宇野 収会長ほか多くの財界のリーダーが座右の銘とされてきたサミュエルウルマンの『YOUTH』を大切にしてきました。

大学に移ってからマッカーサー元帥がGHQの執務室に掲げていたとされるドイツ語の花文字で書かれたバージョン（写真左）があることを教えられました。ポエムとして一番整ったバージョンでした。

私はこれを経営工学科の学生諸君のために翻訳し、先に紹介したIDIOMATIC AND SYNTACTIC ENGLISH DICTIONARY（I.S.E.D.）で1つひとつ言葉の意味を確認しながら、新入生のための授業や研究室の教材として学生諸君と一緒に読み続け、研究室から137名の卒業生を送り出しました。

70歳で大学を退任して、5年が経過していたころのことでした。何でも体験しようと見様見真似で作成したフェイスブックに研究室の卒業生のE君から友達リクエストが届きました。E君は地元に帰って就職していたのですが、家業のシイタケファームを再興しようという志を立て、見事に志を成就しました。その一部始終が『伊勢の神様に認められたしいたけの逆襲』に収録されています。E君のシイタケが伊勢志摩サミットのすき焼きパーティーで世界の首脳に提供されたと聞きました。E君は地元のお年寄りがしいたけを買って下さったお蔭で家業が復興できたご恩に報いるべく、行政各方面のサポートを得ながら、三重県四日市市で『にっこり山城ホーム』という養護老人ホームを開設しています。創業の理念を壁に掲げ、毎朝、スタッフのみなさんと唱和し、『ビルディングアンドコントローリングマネジメント』という経営工学を見事に実践しています。E君を訪ねて、湯の山温泉のアクアイグニス菰野で再会した時、年収を金利で割った金額が健康の現在価値という持論を再論しました。金利が0.1%であれば100万円の年収を生む健康の現在価値は10億円、金利がゼロなら健康の現在価値は無限大と

いう説法です。

　大学を退任して10年を経た2017年3月4日に母校で研究室の卒業生137名の同窓会を開催し、研究室に保管していた卒業論文を返却しました。27名の卒業生が出席してくれました。

　青春とは人が人生を生きる時のことをいうのではない。青春とは人その時の心の姿をいうのである。青春とはりんごのような頬、ピンクの唇、膝の柔らかさといった身体の姿のことをいうのでもない。青春とは鍛えられた意思、すばらしい想像力、ほとばしる情感、深い泉の奥底から沸き上がってくる新鮮な命の躍動のことをいうのである。青春は、勇気が臆病を、冒険を求める心意気が安逸に流れる人の心をしっかりと支配している状態をいうのである。

　人が年老いるのは長い時間を生きてきたためではない。人が年老いるのは理想を投げ捨てるその時である。

　時は身体に皺を刻む。新しいことを知ろうとする意欲を失うと心に皺が刻まれる。憂慮と猜疑と自己不信と恐怖と絶望－－－これらは長い間に人に頭を垂れさせ、伸びようとする魂を葬り去らせるのである。

　人その時の年齢が何歳であろうとも、人の心の中には素晴らしいことを愛する気持ちがあり、これでもかとばかりに起こってくる出来事とその次に起こってくる出来事に対する飽くことを知らない子供のような強い欲求があり、人生の歓びと哀感がある。人は誠意ある限り若く、猜疑心とともに年老いる。自信ある限り若く、恐怖心とともに年老いる。希望ある限り若く、絶望とともに年老いる。人の心の真ん中に、ものごとを感じ、記憶する部屋がある。この部屋が、美しいもの、希望、歓びと勇気が送り出してくる信号を感じとる限り人は若い。

　信号を感じとる回路がすべて瓦壊し、人の心が悲観論の雪と氷のような冷笑に覆いつくされるまさにその時にのみ、人は年老いるのである。サミュエルウルマン
　西東京科学大学経営工学科の学生のために訳す・・・1994-12-23

12.エピローグ: InnermorelandとI.S.E.D.のこと、東レとわがファミリーへの感謝

　ベトナム戦争が終わったのは1975年4月でした。1964年から1968年まで総司令官であり、1968年から1972年まで参謀総長を務めた将軍の名前を日本の新聞は『ウエストモーランド』と伝えていました。このころ私のデスクにはニューヨークタイムズが届けられていました。将軍の名前が WESTMORELAND と書かれていました。『西に、より多くの、領土を！？！』

　私はわが目を疑いました。1790年から2020年になろうとする今日までの人口の中心を示した地図（138ページ参照）に示されている通り、「『WESTMORELAND』は1620年のメリーフラワー号以来、アメリカ人を西部開拓に駆り立て、カリフォルニアを越え、ハワイを越え、日本に開港を迫ったアメリカの魂（ETHOS）、アメリカの DNA ではなかったのか。そのアメリカがベトナムで壁に跳ね返されたのがベトナム戦争であったのか」という反問が私のマインドに渦巻きました。「これからの世界は『INNERMORELAND』をアメリカだけでなく世界が DNA としなければないのではないか」という思いがこの時に去来しました。

　1985年のことでした。ハーマンカーンが他界した後、ニューヨークからインディアナポリスに移っていたハドソン研究所から手紙が届きました。「民間に公開可能な軍事技術のリストがある。東レの関心の有無を知りたい」と書かれていました。折から開催されるインディー500のレースに招待するとも書かれていました。私は、単身出張を願い出て、インディアナポリスに向かいました。レーザー光線に関する技術などがリストアップされていたことを記憶しています。帰国後、研究部門と工務部門に紹介しましたがディールは成り立ちませんでした。このディールの窓口をニューメキシコ州の砂漠の街 Alamogordo に訪問しました。砂漠での牡蠣の養殖（オイスタープランテーション）について関心の程を聞かれました。「砂漠」と「牡蠣の養殖」という2つの言葉が繋がりませんでしたが、砂漠の地下には大量の水があり、一面湖水に変貌する時期があるという説明を受けました。日本の常識ではアメリカを理解できないと痛感したことでした。

　「アメリカではアメリカが必要とする全エネルギーを賄えるだけの風が吹いている」という記事とともに風車が数珠繋ぎに建設されている写真を30年以上も前にニューヨークタイムズで見たことも思い出されます。この記事を見て以来、ホ

ワイトハウスや議会の屋上に掲げられる星条旗を見るたびにこの記事を思い出していますが、無風状態で星条旗が垂れ下がっているのを見たことはほとんどありません。閑話休題。

　この時、ハドソン研究所の研究スタッフとのミーティングで、『INNERMORELAND』という和製英語をペンネームとして書き留めたディスカッションペーパーを用意しました。クロートンで面識を得ていたビルブラウン（William Brown）シニアリサーチャー（写真左はハーマンと議論するビルブラウン。ニューヨークタイムスより）が『インナーモーランド』という和製英語に注目してくれました。その時、私はアメリカに亡命する時があれば Tony Innermoreland にしようと決めました。

　Tony についての由来を記します。クロートンのゲストハウスに滞在した時、木造2階建てのビルディングの1つにキャンパスキーパーのアダムさん一家が住まっていました。3人のお嬢さんがいました。学校に行く前の一番下の女の子との朝の挨拶で、毎朝、「ハーイ！フミオ！」とファーストネームで呼び捨てにされ、最後に「オー　グッド」で挨拶は終わるのでした。こちらが機先を制して「ハーイ！サンディー！」と先に言えば問題はないのですが、毎朝、機先を制されたのは私でした。呼び捨てで呼ばれたのは兄とおやじだけだったので馴染めませんでした。それ以降、私はトニーと呼んでくれるよう申し出ました。ハドソン研究所で私は Tony となりました。閑話休題。

　ここで、なぜ英語を母国語としない人たちのための開拓者英英辞典（I.S.E.D.）なのかについて所信を記します。

　これまで、私は「エンジニアリング」や「チャレンジ」や「カンニング」など英語の意味を確認せねばならない時に、躊躇なく、I.S.E.D. でその意味を確認してきました。

　この辞書にはコンピューターの用語は載っていませんが、私にとって実に素晴らしい辞書なのです。是非みなさま方にお勧めします。その理由を『システム』という経営工学のキーワード中のキーワードによって証明します。

　英和辞典で『システム』を引くと漢字で『仕組み』と説明されます。オックスフォード大学出身のバンカーとの仕事で言葉の意味を確認しなければならなくな

った時、このバンカーは『ポケットオックスフォードディクショナリー』（P.O.D.）しか相手にしませんでした。それほどまで頼りにされている P.O.D. はシステムを「complex whole」（複雑な全体）としか説明しないのですが、I.S.E.D. はシステムを「a group of parts or objects, often consisting of a principal parts and a number of less important parts, working together according to a purpose, as a railway system; the nervous system of a body.」と説明しています。私は、神保町の三省堂ですべての英英辞典のシステムについての説明をチェックしました。これほど的確な説明はありませんでした。経営工学の入門書でさえこれだけ丁寧にシステムを説明していません。システムはシステムなのです！？！

I.S.E.D. はシステムを①眼鏡で言えば、視力の調整という目的達成のために最も重要なレンズという物体とフレームやネジなどの部品の集まりであること、②一番重要な物体とそれに比べると重要性は低いが、なお、重要な部品で構成されていること、③どんな小さなネジ1つをとっても眼鏡の目的達成のために一時も休むことなくそれぞれの役割を果たしていること、④鉄道輸送システムあるいは人間の身体の神経システムがその具体例であるという説明です。1942年にこの世になかったコンピューターについての用語、その最たるものはフィッシングですが、その説明をこの辞書に求められるわけがありません。

『システム』はフォンベルタランフィ（Ludwig von Bertalanffy）という理論生物学者が『一般システム理論』（写真左：みすず書房1973年）で提供した概念で、ものごとを分解する方向からものごとを組み立てる方向に科学が切り替わった時に生まれた考え方であることも大学に移って学んだ重要なことの1つです。

会社もシステムです。何よりも大切なことはシステムには目的があると明確に述べていることでしょう。システムにはトータルシステムとサブシステムがあって、それぞれシステムの間で目的が矛盾なく設定されていることが欠かせません。目的設定に齟齬がある場合、そのシステムは『烏合の衆』となってしまいます。

このことは森本社長からプレゼントされたアメリカ海軍大学の"SOUND MILITARY DECISION"に詳細説明されています。私は大学に転じた後に TBR の月報に要旨をしっかりと紹介しました。仕事で面識を得た防衛庁海上幕僚幹部の若い士官にこの初版をコピーして献上し、わが国の国防に携わる組織のライブラリーに加えて貰いました。

最後に、第1次世界大戦と第2次世界大戦と戦後の国防問題をめぐる1970年代

までの歴史事実とその解釈について、私は、森嶋通夫ロンドンスクールオブエコノミクス名誉教授・イギリス学士院会員が1981年に世に問われた『自分流に考える 新・新軍備計画論』（森嶋通夫 文芸春秋社）に従いたいと考えていることを改めて書き留めます。私は森嶋名誉教授から経済学を直接教わってはいませんが、私のゼミの卒業生名簿にその名を残されている大先輩であり、『自分流に考える』の中の『忘れかけていることなど』および『血にコクリコの花咲けば』と『智には

たらけば角が立つ』（写真左：いずれも朝日新聞社1997年・1999年）の中で、学問的良心に忠実にご自分の人生の歩みと歴史的事実とその評価を書き残して下さったことに感謝しています。

　1988年7月のことでしたが、ソ連東欧調査団に参加した帰途に、東レロンドンの若い社員の案内でロンドンスクールオブエコノミクスに先生を訪ねお目にかかったことがあります。日本の経済についていろいろ質問を受けました。研究室には1冊の本もありませんでした。

　最後にわがファミリーへの感謝を書き留めさせて頂ければ幸いです。

　マッカーサー元帥の執務室に飾られていたドイツ語の花文字で書かれたYOUTH のバージョンと I.S.E.D. を私は京都岡崎のレンガ造りのアングリカンチャーチで結婚した生涯の伴侶からプレゼントされました。

　生涯の伴侶は同志社女子大学英文学科で瀧山季乃先生の研究室で英文学を学び、1973年に I.S.E.D. の新版が出版される前の草臥れるほどに使い込まれた小型の1942年版を本棚に並べています。大学に移った後、1997年に私を英国湖水地方のワーズワースの故郷に誘ってくれました。森嶋先生も学ばれたオックスフォード大学の J.R. ヒックス研究室があった Nuffield College の中庭に連れて行ってくれました。バラの花とすいれんが咲く小さな池がありました。昨今は、リバーテラスのパストラルタウン上野原でバラを育て、1昨年、愛犬ウエスティーを見送った後、7匹の猫たちと忙しい日々を過ごしています。

第6部 完

第7部
（補遺）コロナパンデミックは
新世界の夜明け!

　　コロナパンデミクは第3次世界大戦と称し得る冷戦の最終局面に現れた夜明けである。

　　そこに開かれてくる世界政治の景観は、かつてナチスドイツが出現した第Ⅱ象限でスーパーパワーになった中国が、ナチスの轍を踏むことなくポストコロナの世界で『変容』し、羅針盤と火薬を発明したにもかかわらずそれを世界的覇権拡大に利用しなかった威厳のある漢民族の中国に先祖返りする世界である。

　　世界経済の夜明けの景観は、マンメイドマネーの印刷によってコロナパンデミックに緊急対応した主権国家が、時の経過の中で顕在化してくるマンメイドマネーの紙屑化から生れる略奪と無政府状態と戦争と隷従へのリスクを回避する叡智を絞り出して、マンメイドマネーによるプラスサムのWIN-WINの国際経済を構築して、『平和で豊かな世界経済』を発展させることである。

1.コロナウイルスに関する
　　最初のトランプ大統領のツイッター

　2020年1月25日、中国武漢で発生していたコロナウイルスに関する次のトランプ大統領のツイッターが書き込まれた。そこにはウイルスの封じ込めに対する中国の努力と透明性を評価し、アメリカ国民を代表して習近平主席に感謝したいと書かれていた。

　　・2020年1月25日 China has been working very hard to contain the Coronavirus. The United States greatly appreciates their efforts and transparency. It will all work out well. In particular, on behalf of the American People, I want to thank President Xi!（中国はコロナウイルスの封じ込めに懸命に努力している。その努力が逐一公開されていることをアメリカは大いに評価する。成果が上がっている。アメリカ国民の立場から習主席に感謝を表明する！）

2.WHO事務局長宛のトランプ
　　大統領の書簡と指摘された事実

　その後事態が一挙に暗転し、中国からのコロナウイルス感染がヨーロッパ各国に、次いでアメリカに拡大し、医療体制と経済が日を追って混乱の度を加える中で、遂に、5月18日にトランプ大統領による4ページにわたるWHO事務局長宛の書簡がツイッターに掲載された。事実をして語らしめた冷静な書簡であった。

　この書簡には、未解明のコロナウイルス発生源の特定を除けば、病状の発生から世界に拡散するまでの事実が時系列を追って簡潔に列挙されていた。WHOの対応の失敗（failed response）を指摘する書簡であるが、国連の機構であるWHOおよびWHO憲章に定められた国際保健規則を中国が脆弱化（undermine）させている事実が列挙されていた。

　このツイッターを一読して筆者が驚愕したのは『武漢の都市封鎖に先立って500万人の市民が武漢から移動すること、および、武漢を後にした市民の中に世界各地に向けて出国する者が多くいたことを中国当局が許可（allow）していたことを世界は知るところとなっていました』と書かれていたことである。

春節とはいえ、人口1,000万人の大都会から500万人が都市封鎖に先だって脱出することは信じ難いことであったが、アメリカの大統領が明記したからには何らかの情報に基づくものであるに違いないと筆者は受け止めた。読者各位にその内容を直接原文で確認頂くために、筆者は、この書簡で●印が付されたパラグラフに小見出しとアンダーラインを付して注意を喚起した（この書簡の原文は写真として掲載されているためにアンダーラインを引けなかった）。

His Excellency
Dr. Tedros Adhanom Ghebreyesus
Director-General of the World Health Organization
Geneva, Switzerland

Dear Dr. Tedros:

On April 14, 2020, I suspended United States contributions to the World Health Organization pending an investigation by my Administration of the organization's failed response to the COVID-19 outbreak. This review has confirmed many of the serious concerns I raised last month and identified others that the World Health Organization should have addressed, especially the World Health Organization's alarming lack of independence from the People's Republic of China. Based on this review, we now know the following:

THE WHITE HOUSE WASHINGTON May 18, 2020

WHO 事務総長 テドロス アドハノム ゲブレイセス 博士 閣下

テドロス博士 殿

　2020年4月14日、私はCOVID-19の発生に対応した貴組織の不手際に関するアメリカ合衆国政府による調査が終わるまでWHOに対する分担金拠出を差し止めました。調査の結果、私が4月に提起した多くの重大な問題点が確認されるとともに、私が提起した以外の問題、すなわち、WHOが中華人民共和国との一線を画し切れなかったためにWHOによる警告が十分に発せられなかった事実を突き止めました。これまでの調査に基づいて、われわれは以下の事実を知る所となっています。

- The World Health Organization consistently ignored credible reports of the virus spreading in Wuhan in early December 2019 or even earlier, including reports from the Lancet medical journal. The World Health Organization failed to independently investigate credible reports that conflicted directly with the Chinese government's official accounts, even those that came from sources within Wuhan itself.

　●〔専門誌と武漢現地情報の無視〕WHOはLancet medical journal誌を含め2019年12月上旬あるいはもっと早い時期に武漢でウイルスが拡散しているという信頼できる報告を執拗に無視し続けました。WHOは、中国政府の公式見解と相容れない報告とし

て、武漢の現地からの報告を含めた信頼できる報告内容を独自の立場で調査しません
でした。

- By no later than December 30, 2019, the World Health Organization office in Beijing knew that there was a "major public health" concern in Wuhan. Between December 26 and December 30, China's media highlighted evidence of a new virus emerging from Wuhan, based on patient data sent to multiple Chinese genomics companies. Additionally, during this period, Dr. Zhang Jixian, a doctor from Hubei Provincial Hospital of Integrated Chinese and Western Medicine, told China's health authorities that a new coronavirus was causing a novel disease that was, at the time, afflicting approximately 180 patients.

● 〔ウイルス感染情報の隠蔽〕WHO北京事務所は2019年12月30日以前に武漢で重
大な公衆衛生問題が発生していることを承知していました。12月26日から30日までの
間に中国のメディアは複数の遺伝子研究企業に送られた患者のデーターに基づいて新
型ウイルスが武漢から発生した事実を大きく報道していました。この時期にはこの他
にもHubei Provincial Hospital of Integrated Chinese and Western MedicineのZhang
Jixian博士が中国の保健当局に新規ウイルスによるこれまで見られなかった症状が180
名の患者に発生していると伝えていました。

- By the next day, Taiwanese authorities had communicated information to the World Health Organization indicating human-to-human transmission of a new virus. Yet the World Health Organization chose not to share any of this critical information with the rest of the world, probably for political reasons.

● 〔台湾からの人から人への感染報告の無視〕その日のうちに台湾の当局がWHOに
対して新ウイルスが人から人へ感染している事実を指摘した情報を伝えていました。
にもかかわらずWHOは、おそらく政治的理由によって、この決定的に重要な情報を世
界各国に伝えないという方途を選択しました。

- The International Health Regulations require countries to report the risk of a health emergency within 24 hours. But China did not inform the World Health Organization of Wuhan's several cases of pneumonia, of unknown origin, until December 31, 2019, even though it likely had knowledge of these cases days or weeks earlier.

● 〔中国による国際保健規則不履行〕The International Health Regulation（国際保
健規則）は参加国に24時間以内に健康を危険にさらすリスクの報告を求めています。

しかし、中国は、おそらく数日あるいは数週間前にこの症例の発生を知っていたにもかかわらず、12月31日までWHOに対して武漢で発生した複数の原因不明の肺炎について報告しませんでした。

- According to Dr. Zhang Yongzhen of the Shanghai Public Health Clinic Center, he told Chinese authorities on January 5, 2020, that he had sequenced the genome of the virus. There was no publication of this information until six days later, on January 11, 2020, when Dr. Zhang self-posted it online. The next day, Chinese authorities closed his lab for "rectification." As even the World Health Organization acknowledged, Dr. Zhang's posting was a great act of "transparency." But the World Health Organization has been conspicuously silent both with respect to the closure of Dr. Zhang's lab and his assertion that he had notified Chinese authorities of his breakthrough six days earlier.

●〔ウイルス遺伝子構造を解明した Zhang Yongzhen 博士の報告の無視〕Shanghai Public Health Clinic Center の Zhang Yongzhen 博士によれば、2020年1月5日に中国当局に対して、このウイルスの遺伝子構造を伝えたとのことであります。博士のこの情報は、博士がインターネットにこの情報を公表した6日後の2020年1月11日まで公式に発表されませんでした。翌日、中国当局は、『職務紀律違反』を理由に博士の研究室を閉鎖しました。WHOがこの時このことを認知していたならば、Zhang 博士のインターネット上の情報提供は『透明性確保』の上で重要なことでありました。しかしながらWHOは、隠された意図の下で、博士の研究室の閉鎖とウイルスの遺伝子配列の特定という研究成果を6日前に当局に知らせていたという博士の主張に対し黙して語りませんでした。

- The World Health Organization has repeatedly made claims about the coronavirus that were either grossly inaccurate or misleading.
  - On January 14, 2020, the World Health Organization gratuitously reaffirmed China's now-debunked claim that the coronavirus could not be transmitted between humans, stating: "Preliminary investigations conducted by the Chinese authorities have found no clear evidence of human-to-human transmission of the novel coronavirus (2019-nCov) identified in Wuhan, China." This assertion was in direct conflict with censored reports from Wuhan.

●〔コロナウイルスに関する無責任な説明〕WHO は（以下の通り）コロナウイルスについて不明な点がある、あるいは、誤解を生むと繰り返し主張していました。

●〔中国による間違った説明の拡散〕2020年1月14日に WHO は明確な根拠を示すことなく、コロナウイルスは人には感染し得ないという今や誰も信じない中国の言い分をそのまま『中国当局が行なったこれまでの調査では中国の武漢で特定された新型コロナウイルス（2019-nCov）は人から人に感染する明確な

証拠は出ていない』と発表していました。この発表は武漢からの検閲済みの報告と矛盾するものでした。

- On January 21, 2020, President Xi Jinping of China reportedly pressured you not to declare the coronavirus outbreak an emergency. You gave in to this pressure the next day and told the world that the coronavirus did not pose a Public Health Emergency of International Concern. Just over one week later, on January 30, 2020, overwhelming evidence to the contrary forced you to reverse course.

　●〔中国の圧力への屈伏と中国による楽観論の吹聴〕2020年1月21日に習近平中国主席は既報のごとく、コロナウイルス感染症の発生の緊急宣言を発しないよう貴台に圧力をかけました。翌日、貴台はこの圧力に屈し、世界に向かって、コロナウイルスは公衆衛生に緊急事態となることはないと話しました。その僅か1週間後の1月30日に、事態の急展開が貴台に逆のコースを強いる結果となりました。

- On January 28, 2020, after meeting with President Xi in Beijing, you praised the Chinese government for its "transparency" with respect to the coronavirus, announcing that China had set a "new standard for outbreak control" and "bought the world time." You did not mention that China had, by then, silenced or punished several doctors for speaking out about the virus and restricted Chinese institutions from publishing information about it.

　●〔中国への称賛と中国の情報統制の黙認〕2020年1月28日に北京で習金平主席と会談後、貴台はコロナウイルスに関する中国政府の『透明性』を称賛し、中国は『感染拡大をコントロールするための新基準』を設定し、『世界に一時の猶予を齎した』と宣言しました。この時、貴台は、中国がここに至るまでの間に、ウイルスについて話した複数の医師を沈黙させ、中国の関係機関によるウイルスに関する情報の公表を制限している事実を指摘しませんでした。

- Even after you belatedly declared the outbreak a Public Health Emergency of International Concern on January 30, 2020, you failed to press China for the timely admittance of a World Health Organization team of international medical experts. As a result, this critical team did not arrive in China until two weeks later, on February 16, 2020. And even then, the team was not allowed to visit Wuhan until the final days of their visit. Remarkably, the World Health Organization was silent when China denied the two American members of the team access to Wuhan entirely.

●〔中国に対する WHO よる独自の調査団派遣の遅延と不十分な調査体制〕2020年1月30日に貴台が遅ればせながら国際的緊急事態宣言を発したあとでさえ、貴台は、中

国に国際的医療関係専門家で構成された WHO 調査団を受け入れさせることができませんでした。その結果、この重要な調査団は2週間後の2020年2月16日まで中国に入ることができませんでした。この時でさえ調査団が武漢入りできたのは調査日程の最終日でした。驚くべきことに、WHO は中国が調査団の2名のアメリカ人専門家の武漢入りを拒絶したことについて黙して語りませんでした。

- You also strongly praised China's strict domestic travel restrictions, but were inexplicably against my closing of the United States border, or the ban, with respect to people coming from China. I put the ban in place regardless of your wishes. Your political gamesmanship on this issue was deadly, as other governments, relying on your comments, delayed imposing life-saving restrictions on travel to and from China. Incredibly, on February 3, 2020, you reinforced your position, opining that because China was doing such a great job protecting the world from the virus, travel restrictions were "causing more harm than good." Yet by then the world knew that, before locking down Wuhan, Chinese authorities had allowed more than five million people to leave the city and that many of these people were bound for international destinations all over the world.

  ●〔中国国内旅行規制への称賛とアメリカによる中国からの入国禁止への反対と武漢封鎖前の500万人もの武漢からの脱出と海外への出国の事実指摘〕貴台は、中国による国内移動制限の措置を強力に称賛しましたが、私による国境閉鎖、あるいは、中国からの来訪者の入国禁止に奇妙なことに反対しました。私は貴台の意に反して入国禁止を実施しました。貴台の本件に対する政治的駆け引きは、貴台のコメントに依存していたアメリカ以外の政府にとって、人命を救うための中国との出入国規制実施を決定的に遅らせることになりました。2020年2月3日に貴台は、中国が世界をウイルスから救うためにこのような立派な措置を講じているので『旅行規制は益する所よりも失うところが大きい』との意見を述べて、貴台の立場を擁護されました。さらに、この時点に至る前に、武漢の都市封鎖に先立って500万人の市民が武漢から移動すること、および、武漢を後にした市民の中に世界各地に向けて出国する者が多くいたことを中国当局が許可していたことを世界は知るところとなっていました。

- As of February 3, 2020, China was strongly pressuring countries to lift or forestall travel restrictions. This pressure campaign was bolstered by your incorrect statements on that day telling the world that the spread of the virus outside of China was "minimal and slow" and that "the chances of getting this going to anywhere outside China [were] very low."

  ●〔中国による国際間の人的往来規制反対への賛同〕2020年2月3日時点で、中国は世界各国に対して旅行規制の撤廃あるいは施行延期するよう強力に圧力をかけていま

した。この中国のキャンペーンは、中国からのウイルスの拡散は『最小限度かつ弱い』ことおよび『このウイルスが中国から拡散する可能性は低い』という同日に行われた貴台の間違った声明によって勢いづけられていました。

- On March 3, 2020, the World Health Organization cited official Chinese data to downplay the very serious risk of asymptomatic spread, telling the world that "COVID-19 does not transmit as efficiently as influenza" and that unlike influenza this disease was not primarily driven by "people who are infected but not yet sick." China's evidence, the World Health Organization told the world, "showed that only one percent of reported cases do not have symptoms, and most of those cases develop symptoms within two days." Many experts, however, citing data from Japan, South Korea, and elsewhere, vigorously questioned these assertions. It is now clear that China's assertions, repeated to the world by the World Health Organization, were wildly inaccurate.

●〔中国のデーターによるパンデミックの過小評価〕2020年3月3日にWHOは、典型的な拡散という極めて重大なリスクを過小評価した中国の公式発表データーを引用して、『COVID－19はインフルエンザほど効果的に転移しない』、インフルエンザとは違って『感染しているが未だ発症していない人』によって感染が広まるものでは本来ないと世界に向かって話していたのです。WHOは、『感染者の1％しか症状を示していないこと、症状は2日以内に発症している』という中国の示した事実を世界に向かって説明していました。しかしながら多くの専門家が、日本、韓国その他から寄せられたデーターに基づいて中国の示したデーターに疑問を投げかけました。WHOによって世界に向かって繰り返し説明された中国の断定は正確でなかったことが今や明白であります。

- By the time you finally declared the virus a pandemic on March 11, 2020, it had killed more than 4,000 people and infected more than 100,000 people in at least 114 countries around the world.

●〔パンデミック宣言発出時における感染国と死者数と感染者数〕2020年3月11日に貴台がパンデミック宣言を発する以前に、ウイルスは世界114カ国で4,000人を超える命を奪い、10万人以上に感染させたのです。

- On April 11, 2020, several African Ambassadors wrote to the Chinese Foreign Ministry about the discriminatory treatment of Africans related to the pandemic in Guangzhou and other cities in China. You were aware that Chinese authorities were carrying out a campaign of forced quarantines, evictions, and refusal of services against the nationals of these countries. You have not commented on China's racially discriminatory actions. You have, however, baselessly labeled as racist Taiwan's well-founded complaints about your mishandling of this pandemic.

●〔アフリカ諸国と台湾に対する中国の差別〕2020年4月11日に数ヵ国のアフリカの大使が中国外務大臣宛に広州市その他の地域で関係アフリカ諸国の国民がパンデミックに関連して差別を受けたとの書簡を送りました。貴台は中国当局がこれら諸国の国民に対して強制検疫、退去、サービスの提供拒否を行なったことを承知していましたが、中国による人種差別を指摘しませんでした。その一方で貴台は十分な根拠を示して本件パンデミックへの対応の誤りを指摘した台湾を人種差別主義者扱いにしました。

- Throughout this crisis, the World Health Organization has been curiously insistent on praising China for its alleged "transparency." You have consistently joined in these tributes, notwithstanding that China has been anything but transparent. In early January, for example, China ordered samples of the virus to be destroyed, depriving the world of critical information. Even now, China continues to undermine the International Health Regulations by refusing to share accurate and timely data, viral samples and isolates, and by withholding vital information about the virus and its origins. And, to this day, China continues to deny international access to their scientists and relevant facilities, all while casting blame widely and recklessly and censoring its own experts.

●〔中国の透明性の称賛と中国の活動への同調〕この危機を通じて WHO は奇妙なことに中国が主張した『透明性』を称賛し続けました。中国の主張には透明性がなかったにもかかわらず、貴台は中国の立場を正当化する発言に同調しました。例えば、1月上旬に中国はウイルスのサンプルの破棄を命令し、世界がこの重要な情報を入手不能にしたのです。只今現在においてさえ中国は国際保健規則を脆弱化させています。正確なデーターとウイルスのサンプルのタイムリーな共有を拒否し、ウイルスとその発生源に関する決定的に重要な情報を公開することなく門戸を閉ざしています。ことここに至ってなお中国は、大々的かつ執拗な非難を国際社会に浴びせると同時に中国の専門家を監視する一方で中国の科学者と関係施設への国際社会の接触を拒み続けています。

- The World Health Organization has failed to publicly call on China to allow for an independent investigation into the origins of the virus, despite the recent endorsement for doing so by its own Emergency Committee. The World Health Organization's failure to do so has prompted World Health Organization member states to adopt the "COVID-19 Response" Resolution at this year's World Health Assembly, which echoes the call by the United States and so many others for an impartial, independent, and comprehensive review of how the World Health Organization handled the crisis. The resolution also calls for an investigation into the origins of the virus, which is necessary for the world to understand how best to counter the disease.

●〔中国と一線を画し得ない立場と決議案の採択〕WHO は内部の緊急委員会によっ

てウイルスの発生源を調査するのが妥当であると述べましたが、ウイルスの発生源を中国と一線を画した立場から行うという中国に対する呼びかけを公的に発することが出来ませんでした。WHO による独立調査が出来なくなった結果、本年の総会においてWHO 加盟国による『CORVID-19対応』決議案の採択が促進されることになりました。この決議はアメリカ合衆国他多くの諸国による呼びかけによるもので、WHO が如何にコロナウイルスに対応したかを公正、独立、簡明を旨としてレビューしようというアメリカその他諸国の呼びかけに応えたものであります。この決議案は、世界がこの病に対応する最善策を理解する上で絶対に必要なウイルスの発生源の解明を求めています。

Perhaps worse than all these failings is that we know that the World Health Organization could have done so much better. Just a few years ago, under the direction of a different Director-General, the World Health Organization showed the world how much it has to offer. In 2003, in response to the outbreak of the Severe Acute Respiratory Syndrome (SARS) in China, Director-General Harlem Brundtland boldly declared the World Health Organization's first emergency travel advisory in 55 years, recommending against travel to and from the disease epicenter in southern China. She also did not hesitate to criticize China for endangering global health by attempting to cover up the outbreak through its usual playbook of arresting whistleblowers and censoring media. Many lives could have been saved had you followed Dr. Brundtland's example.

〔2003年 SARS 発生時の WHO Harlem Brundtland 事務局長の活動の評価〕おそらく以上述べた不手際よりさらに悍ましい事実は WHO がやろうとすればより手際よく対応出来たということであります。僅か数年前に今とは違う事務局長の指揮下で WHO はいかに多くのことを提示せねばならなかったかについて足跡を残しました。2003年にSARS（Serve Acute Respiratory Syndrome）が中国で発生した時、Harlem Brundtland 事務局長は大胆に 55 年の歴史を持つ WHO 初の緊急移動に関する勧告を発し、中国南部の疾病発生地域への往来に反対しました。Brundtland 女史は、同時に、中国の常套手段、すなわち内部告発者を逮捕し、メディアを慰撫する常套手段によって疾病の発生を隠蔽し、地球規模で健康を危険に曝した中国を躊躇なく批判しました。貴台が Brundtland 博士の先例に学ばれていたならば多くの生命が救われていたのです。

It is clear the repeated missteps by you and your organization in responding to the pandemic have been extremely costly for the world. The only way forward for the World Health Organization is if it can actually demonstrate independence from China. My Administration has already started discussions with you on how to reform the organization. But action is needed quickly. We do not have time to waste. That is why it is my duty, as President of the United States, to inform you that, if the World Health Organization does not commit to major substantive improvements within the next 30 days, I will make my temporary freeze of United States funding to the World Health Organization permanent and reconsider our membership in the organization. I cannot allow American taxpayer dollars to continue to finance an organization that, in its present state, is so clearly not serving America's interests.

〔アメリカ合衆国の対応〕貴台と貴台の指揮下にある組織によって繰り返されたパンデミック対応についての不手際が世界にとって巨大な損失をもたらしたことは明白であります。今後WHOがとるべき道はWHOが中国と一線を画することを明確にすることであります。私の政府はWHOの改革について貴台と協議をはじめています。行動が急がれます。われわれは無駄にする時間を与えられていません。WHOが今後30日以内に大規模かつ本質的な組織改革を確約しない場合、WHOに対する分担金拠出の一時的差し止めの永久化およびアメリカのWHO加盟の再検討を貴台に通告することはアメリカ合衆国大統領として私の義務と考える所以であります。私はアメリカ国民が納付した税金をアメリカの国益に明白に反しているWHOの現状に対して提供することは出来ません。
敬具

　署名

3.個々の事実の要点と追加されたツイッター2件

　この書簡には、6月18日までに大規模かつ本質的な組織改革が確約されない場合、WHOの分担金の拠出を停止すると記されているが、トランプ大統領は5月29日のツイッターで、文字ではなく、演説でWHOからの離脱を明らかにした。その後アメリカは、既報のごとく、7月上旬に、国連とアメリカ議会にWHO脱退の意向を通知し、その手続きを開始した。7月8日の英国BBCの報道によると、手続きには最短1年はかかるとされており、大統領選挙でトランプ大統領が再選された場合、1年後に、脱退が実現する。

　以下に、筆者が付加した小見出しを再掲する。

　　〔専門誌と武漢現地情報の無視〕、〔ウイルス感染情報の隠蔽〕、〔台湾からの人から人への感染報告の無視〕、〔中国による国際保健規則不履行〕、〔ウイルス遺伝子構造を解明したZhang Yongzhen博士の報告の無視〕、〔コロナウイルスに関する無責任な説明〕、〔中国による間違った説明の拡散〕、〔中国の圧力への屈伏と中国による楽観論の吹聴〕、〔中国への称賛と中国の情報統制の黙認〕、〔中国に対するWHOよる独自の調査団派遣の遅延と不十分な調査体制〕、〔中国国内旅行規制への称賛とアメリカによる中国からの入国禁止への反対と武漢封鎖前の500万人もの武漢からの脱出と海外への出国の事実指摘〕、〔中国による国際間の人的往来規制反対への賛同〕、〔中国のデーターによるパ

ンデミックの過小評価〕、〔パンデミック宣言発出時における感染国と死者数と感染者数〕、〔アフリカ諸国と台湾に対する中国の差別〕、〔中国の透明性の称賛と中国の活動への同調〕、〔中国と一線を画し得ない立場と決議案の採択〕、〔2003年 SARS 発生時の WHO Harlem Brundtland 事務局長の活動の評価〕、〔アメリカ合衆国の対応〕

　このように小見出しを並べると、如何に WHO が中国の思惑に支配されていたかが一目瞭然になる。筆者はこのツイートを読んだ時、マスコミが全文の翻訳を掲出すると思ったが、日本のマスコミはアメリカのマスコミではないのにもかかわらず『トランプヘイター』(Trump hater) 気取りで、期限付き WHO 脱退を批判的に報道し、全文の翻訳を報道しなかった。

　国連が如何に中国の影響下に置かれているか、国連が中国の影響を受けて如何に脆弱化しているか、筆者は『私はアメリカ国民が納付した税金をアメリカの国益に明白に反している WHO の現状に対して提供することは出来ません』というトランプ大統領の考えに反対できるアメリカ以外の国の大統領や首相はいないと考えている。トランプ大統領のこの考え方に反対するということは、コロナウイルスを世界に拡散させ、かくも多くの人命と富を失わせた中国政府の責任の隠蔽に自国民が納付した税金を注入することに他ならないからである。

　WHO に対するツイートの数時間前にトランプ大統領は『We are with them!』という短いツイートを発していた。『アメリカは、オーストラリアが提示している中国と一線を画した立場でコロナウイルスの発生原因の調査を支持しているインド、日本、英国、カナダ、ニュージーランド、インドネシア、ロシア、EU27ヵ国とともにいる』という内容である。以下にこれ以外の関連ツイートを2件付記する・

　・2020年5月20日・Some wacko in China just released a statement blaming everybody other than China for the Virus which has now killed hundreds of thousands of people. Please explain to this dope that it was the "incompetence of China", and nothing else, that did this mass Worldwide killing!（中国以外の世界各国がこれだけの死者を出したコロナウイルスの責任者だと中国の分からず屋が見解を公にした。誰か、これだけの大量殺戮が中国の無能の結果以外の何物でもないのだと説明してくれないか！）

　・2020年5月21日Spokesman speaks stupidly on behalf of China, trying desperately to deflect the pain and carnage that their country spread throughout the world. Its disinformation and propaganda attack on the United States and Europe is a disgrace. It all comes from the top. They could have easily stopped the plague, but they didn't!

（中国外務省の報道官は愚かにも中国が世界にばらまいた苦痛と殺戮から注目をそらせるべく無駄な努力を続けている。アメリカとヨーロッパに対する間違った情報と宣伝による攻撃は屈辱的である。攻撃は最高幹部から発せられている。中国は疫病の蔓延を止められたにもかかわらず止めなかった。）

4.ポストコロナの世界政治へのスペキュレーション

　世界はソフトパワーで中国に語り掛ける時を迎えている。

　中国の国名は『中華人民共和国』（People's Republic of China）である。英語で書かれている『People』はあの有名なリンカーン大統領の『Government of the People, by the People, for the People』と同じ people ではないのか。この宇宙船地球号に住む同じ people であるならば中国政府は国際法を遵守し、世界の people と同じ約束ごとを遵守して自国の people の繁栄を追求すべきではないのか。

　南シナ海に人工島を造成し、それを領土と主張して憚らない中国、香港返還に際して1国2制度について合意した英国との共同声明の無効をその有効期限内に一方的に宣言するなど、国際法あるいは国家間の合意を蹂躙し続ける中国の people は全て共産主義という名の全体主義に隷従する people であって、リンカーンの people と同じでないと強弁するならば、自らの国名の英語表記をかつてのソビエト社会主義連邦共和国（USSR : Union of Soviet Socialist Republic）に倣って『Communist's Republic of China』（中国共産主義者共和国）と改めるべきであろう。その意味は『Government of the Communist, by the Communist, for the Communist』である。

　21世紀の宇宙船地球号でこのような1党独裁の強権政治が許されているのは世界と隔絶して国民を飢餓に追い込んでいる北朝鮮だけである。経済運営の軸足を計画経済から自由市場経済に移し、個人の利潤動機を認めた中国が国名の英語表記を変更しないなら、すべての国連加盟国が中国の国名の英語表記変更決議案を国連総会に提案し、加盟各国に賛否を問えばよいと筆者は考えている。国連総会に拒否権はない。

　これは国家レベルにおけるソフトパワーによる中国への働きかけであるが、個人レベルにおける中国への働きかけとして、リンカーン演説『Government of the People, by the People, for the People』とその中国語訳と日本語訳の『風船』をインターネット空間で中国のネットユーザーに向かって毎日飛ばすことを提唱したい。

筆者もその1員になりたいと思うが、ネット社会の最後尾を走っている筆者にその道はまだ開かれていない。日本からのメッセージに嘘がないことを日本で爆買いした中国からの旅行者に確かめてくださいと付け加えておけばよい。

　筆者は、社会を根底から変えるチャレンジに、科学と技術に代表される外側からの目に見えるチャレンジすなわちハードウエアの領域におけるチャレンジと内側からの目に見えないチャレンジがあると考えている。目に見えない内側からのチャレンジとは『VALUE SYSTEM』と表現される『価値観』の変化から生まれる社会変革で、ソフトウエアの領域におけるチャレンジである。

　この一文を書き留めながら筆者のマインドに去来している想念が2つある。1つは、政治制度における1党独裁の全体主義と経済制度における利潤動機と自由市場経済の整合性の欠如という不整合を中華人民共和国を建国した毛沢東がどのように断罪するかという想念である。この年になって思い至ったこの想念を毛沢東の『矛盾論』を紐解いて考察を続ける。

　今1つは、WHO宛のトランプ大統領書簡で間接的に指摘された中国共産党指導部による初動対応の遅れによって失われた全世界の人命と無垢な人々の生活の混乱と膨大な富の喪失は中国全体主義政府による『人道に対する罪』ではないかという想念である。

　トランプ大統領は北朝鮮に対すると同様に中国に対しても『指導部と人民を区別』して考えている。一握りの共産党指導部の自己保全がCOVID-19への初動の遅れとパンデミックを生み出したことを歴史が証明した時に『人道に対する罪』の認識が確立されるのであろう。

　ポストコロナの新世界の政治的景観に関する筆者のスペキュレーションは、第Ⅲ象限から第Ⅱ象限に国家経営の軸足を移した中華人民共和国（People's Republic of China）が同じ第Ⅱ象限に生まれ、『人道に対する罪』によって裁かれたナチスドイツの轍を踏むことなく『変容』し、羅針盤と火薬を発明したにもかかわらずそれを覇権拡大に利用しなかった威厳のある漢民族の中国に先祖返りすることである。

5.ポストコロナの世界経済へのスペキュレーション

　ポストコロナの新世界の経済的景観に関する筆者のスペキュレーションは、コ

ロナパンデミックによって被災した個人の緊急救済は、国際機関のなし得るところではなく、主権国家の専管事項であることをもって、マンメイドマネーの印刷によって緊急対応している主権国家が、時の経過の中で顕在化してくるマンメイドマネーの紙屑化から生れる略奪と無政府状態と戦争と隷従へのリスクを回避する叡智を絞り出して、早急にマンメイドマネーによるプラスサムのWIN-WINの国際経済体制を構築して、『平和で豊かな世界経済』を発展させることである。

　本書第5部の冒頭に記したごとく、筆者は、マクロ経済は、マネーを分子、売買されるG・S・I（グッズとサービスとインフォメーション）を分母とする分数で示すことができ、分数の値は経済全体の物価水準を示すと考えているが、コロナパンデミック後の世界経済は、旅行やホテルやレストランなどのサービス産業における経済活動の窒息を回避するために、主権国家が紙幣、すなわち、マンメイドマネーを印刷して急場を凌いでいる現状にある。

　その結果、マクロ経済の分数の分子が急増する一方で経済の分母を構成するG・S・Iの供給が減少し、起こるべくして起こって来る物価水準の上昇リスクに直面することになる。

　無制限に印刷されたマンメイドマネーの紙屑化は人類の生み出した歴史事実である。マンメイドマネーの紙屑化は略奪と無政府状態を生み、人々の生命と安全を破壊し、戦争状態を引き起こす。

　これを防ぐ唯一の方策は、まずは、紙幣を印刷した主権国家の経済の循環を主権国家の領土内で維持し、主権国家それぞれの経済活動を維持すること、そのためには、主権国家の責任において『法と秩序』を維持することが必須となる。経済の窒息を防ぐために急遽印刷された主権国家の紙幣のすべてが、仮に、隣国からの輸入に費消されてしまえば、輸入国は、糊口をしのぐために必要な当座の生活用品は確保できても、輸出国の貿易黒字に見合う借金証文と交換される形で輸入国の国家主権の輸出国への移転という現実に直面する。そこに開かれるのは『輸出国の主権に輸入国の主権が隷従する道』（ROAD TO SERFDOM）である。『隷従』とは『人が奴隷のように扱われる』とI.S.E.D.は説明している。（I.S.E.D.p.985R (fig.) a person who is treated almost like a slave.)

　ゴールドの呪縛から解放され、マンメイドマネーで生きようとしている21世紀の世界は主権国家が国債を発行して通貨を印刷して経済の窒息を防ぐ緊急対策を実行出来るプラスサムの経済秩序を構築出来る世界である。中国も例外ではない。マンメイドマネーの紙屑化から生れる略奪と無政府状態と戦争と隷従へのリ

スクを如何に食い止めるか、宇宙船地球号のコックピットのメンバーの叡智が問われている。

6.宇宙船地球号の自転から生まれる　　　　　　　　チャレンジにレスポンドする時

　筆者は、トランプ大統領による『アメリカファースト』は『世界通貨ドルの機能の維持・強化という観点からこれを是とし、鉄鋼製品が割高であってもアメリカの鉄鋼製品を利用してメキシコ国境に壁を建設するのは合理的で、素晴らしいリーダーシップ』と評価して来たが、今回のコロナパンデミックへの対応の中で、時の経過とともに主権国家のマンメイドマネーが紙屑化するリスクが顕在化してくることを憂慮するものである。

　パンデミックに対応するために世界の碩学が述べている『THINKING THE UNTHINKABLE』に筆者は注目している。

　人間の意志を超越した地球の自転から生まれる歴史的チャレンジにレスポンドする時である。

　ほとんどすべての主権国家が強権的にコロナパンデミックに対応している中、1947年憲法の下、強権に頼ることなく自発的自己規制によってコロナパンデミックにレスポンドしている日本国民のフォアザパブリックのDNAおよび受容の天才というもって生まれた日本国民のDNAがポストコロナの平和な世界を切り拓くことを祈っている。

第7部完

あとがき：1

冷戦という名の第3次世界大戦後の世界への省察を!

　筆者は、第2次世界大戦後に日本とナチスドイツが侵略勢力として全否定される一方で、人民のためというスローガンを掲げて政治は1党独裁、経済は計画経済体制による強権政治を展開した共産主義ソ連が称賛された戦後の日本で、『共産主義はナチスドイツと変わる所がない全体主義である』という考え方を体得し、後年になって『共産主義が民衆を潤したのはロマノフ王朝の富を山分けした時だけであった』という言葉をハーマンカーンから学びました。

　共産主義は、金本位制度の下で、豊かではなかったがミレーが描いた牧歌的な生業を営んだヨーロッパの農牧社会の一般庶民が、科学技術の進歩と利潤動機に誘われて出現した英国の工業社会の中で、貧しさに加えて過酷な労働条件に虐げられた資本主義社会の仕組みを変革する基本的考え方（フィロソフィー）として、カールマルクスとフリードリッヒエンゲルスによって英国で生み出された政治思想でしたが、1917年のロシア革命後にソビエト社会主義連邦共和国（USSR：Union of Soviet Socialist Republic）という1党独裁国家を生み出しました。

　このソ連は、第2次世界大戦において自由主義陣営とともにナチスドイツと戦って勝利したのでしたが、戦後、その世界制覇戦略がアメリカをリーダーとする自由主義陣営と激突するに至って『鉄のカーテンを挟んで対峙する冷戦』を展開する結果となりました。

　この冷戦を第3次世界大戦と定義すると、トランプ大統領が登場した宇宙船地球号の現状は、『冷戦という名の第3次世界大戦の最終局面』と言えると筆者は考えています。

　21世紀の宇宙船地球号の現状は、ヨーロッパにおいて、レーガンイニシャティブによってゴルバチョフソ連が1党独裁の政治体制から『選挙によって政権が移行する政治体制』に移行した後、石油と天然ガスという地下資源を得て、只今現在、プーチン大統領の下、共産主義のイデオロギーから離脱して、産油国ロシア連邦（Russian Federation）として国益に基づいて国際政治の場において先祖返り

し、そのロシアからドイツがパイプラインで天然ガスを輸入し、ライフラインをロシアに依存しています。

　一方、アジアにおいては、ニクソン・キッシンジャーイニシャティブによって1978年に毛沢東・周恩来時代にアメリカと国交を樹立した中華人民共和国（People's Republic of China）が中ソ条約を延長しないで、1980年代に鄧小平・趙紫陽のリーダーシップの下、1党独裁体制を維持しつつ私有財産と利潤動機を認めて、自由市場経済体制に国家経営の軸足を移し、さらにトランプ大統領の関税政策に発する景気後退に見舞われようとする中で、漢民族が支配した中華へ先祖返りするサプライズフリーのシナリオが出現し得る状況に立ち至っています。イデオロギーに基づいた世界制覇戦略を追求する1党独裁体制からロシアと同様の選挙によって政権が移行する政治体制へ先祖返りするサプライズフリーのシナリオが出現する可能性が生まれています。それは羅針盤と火薬を発明しながらそれを世界的版図の拡大に、戦略的に利用しなかった漢の中国への先祖返りであります。

　冷戦という名の第3次世界大戦後にどのような世界が開けて来るのか、わが国は、明治以降の近代化の歴史を省察し、21世紀を生きる国の形を確認する時を迎えています。

敬具

　2020年1月　　プロフェッサー インナーモアーランド

あとがき：2

ポストコロナの21世紀において中国の 先祖返りのサプライズフリーのシナリオは不変

　本稿を脱稿した2020年1月、コロナパンデミックが人口1,000万人の中国武漢で発生していました。これによって世界は一変しました。筆者は、急遽、第7部（補遺）『コロナパンデミックは冷戦という第3次世界大戦の最終局面に現れた新世界の夜明け』を追記しました。

　ポストコロナの21世紀において、第Ⅱ象限から第Ⅰ象限に移行するという中国の先祖返りのサプライズフリーのシナリオは変わりません。

　嘗て第Ⅱ象限で覇を唱えたドイツナチスはホットウオーに踏み出し、宇宙船地球号から姿を消しましたが、中国がホットウオーに踏み出すことなく、コールドウオーの最終局面の中で変容を遂げ、宇宙船地球号の平和が保たれることを今一度神に祈って擱筆します。

　地球の奥底か、あるいは、何億光年もの宇宙の最果のいずれかに潜まれている神の恩寵が人智を導き、ポストコロナの宇宙船地球号に現れますように・・・。

THANKS BE TO GOD！

2020年8月　　　プロフェッサー インナーモアーランド

アペンディックス

英語を話す日本人と日本語を話す
外国人の意見交換を促すための
まえがき と 各章要旨 と あとがき の英訳

APPENDIX

An English Translation of Preface, Short Summary of Each Chapter and Post Script to Help Promote Exchange of Opinions between Japanese and Foreign Bilinguals.

1.PREFACE 1: The Very Base of World Peace Is a Permanent Manmade Currency!

Gold has been loved, admired and used as a symbol of wealth by all peoples throughout the world and throughout history not only because of its special properties to remain chemically unchanged but also because of its natural beauty and scarcity and its resistance to human imitation.

The Gold Standard System was established in United Kingdom in 1816, two years after the birth of Jean-Francois Millet, who lived his whole life with clothing made of wool, cotton and silk. Since that time gold has prevailed upon the world economy exerting its inherent strength at the time of the Industrial Revolution in the United Kingdom during the 1760's, and at the time when Japan emerged on the world scene in the late 1860's.

People in the industrializing nations began to enjoy a wealthier lifestyle using gold coins for new goods and services. However, supplies of gold coins were restricted, constraining the price of goods and services and causing a stagnant world economy and ultimately leading to the first World War.

The author's experience as an Industrial Economist with Toray Industries Inc. demonstrated to him the need for manmade currencies to replace gold in order to meet the tremendous production increases in manmade products. Products such as manmade fibers, the industries of which have posted a 23.4 % annual growth for an incredible 33 consecutive years, doubling production every 3 or 4 years; an increase of 1,500 times in 33 years.

As an industrial economist, he has been in a dilemma that, on the one hand, manmade money must be necessary to keep an economy in good shape, and yet on the other hand, no manmade money or paper currency (such as the German Mark in post 1920's), can survive in human history. He could not find any human wisdom or economic theory in human history for the production and use of permanent manmade money.

When he studied tweets by Donald Trump, President of the United States of America, he was minded to end his dilemma considering instead the introduction of a permanent manmade currency, Peace, within the framework of the US/CHINA/JAPAN PACIFIC TREATY. This treaty creates two brand new international frameworks within human history; one is the PACIFIC OCEAN BANK FOR THE PLANET EARTH, the other is a brand new national defense policy using "software," — i.e. diplomacy, and cultural and economic exchange — rather than conventional hardware or military equipment for Japan.

The concept of a permanent manmade currency, named Peace, is the conclusion of his study that the original and fundamental cause of the World Wars in first half of 20th century was in fact the Gold Standard System and the cause of peace after the Second World War was the manmade money system called the de facto US dollar Standard System.

Following the example from Chemistry, platinum catalyses hydrogen and oxygen to produce water efficiently without any depletion of platinum's values, Japan, as a nation living in peace since the establishment of the 1947 Constitution, may play a role in the Pacific Ocean to help establish and promote smart economic relations between the United States and the People's Republic of China, the two biggest economic giants of the 21st century, to produce wealth not only for nations around Pacific Ocean but also for all the nations on planet earth. This is the Identity of Japan to live in 21st century.

This is author's Prayer and his Program for Global Peace.

All mighty God, whose kingdom is everlasting, and power infinite; Inspire President Trump, who sits and steers in the cockpit of Planet Earth, to design and to create "Manmade Money PEACE" for the Planet Earth rotating through its final stage of Cold War to be paralleled as the 3rd World War. And give Professor Innermoreland one special vote for President Trump to be reelected on November 3rd from Japan, a country survived 2nd World War and determined to live 21st century in peace with 1947 Constitution and to contribute with its inherent capability she carried through from her ancient times, when she had only oral language but no letters. Please listen to my voice that President Trump is not a "unique danger" but a "thoughtful, mission-minded and trustworthy figure" for the world as President Ronald Reagan once displayed. Amen.

The author is very much obliged for reading this article.

January, 2020　　　Professor Innermoreland, from Uenohara,

　　　　　　　　　　a Pastoral Town on river terrace in Yamanashi.

2. PREFACE 2: Corvid-19 Pandemic Is a Dawn of the New World

Triumphant messages were on President Trump's twitter on Davos World Economic Forum, on giant Trade Deals with China and on Record Breaking Stock Market in January 2020, when the author finalized preface 1 of this essay. And on January 25, a tweet by President Trump followed saying the United States appreciates China's efforts and transparency to contain the Coronavirus. The author found, in this tweet, almost the same goodwill of American people that they extended to post war economic recovery and reconstruction of Japan, in which he lived as one of forerunners of 1947 Constitution of JAPAN.

Drastic change suddenly occurred on world scene for CORVID-19 pandemic to go out of China all over the world and for President Trump's letter to WHO director general to be posted on his twitter, which the author translated its full text into Japanese on Chapter 7 of this essay.

Nobody knows what will emerge out of this world political and economic turmoil, the author speculated that the PLANET EARTH, with President Trump steering in its cockpit, is rotating around the final stage of the Cold War to be paralleled as the third World War, and, at the same time, that the dawn toward new political and economic paradigms is coming closer to appear amid Covid-19 pandemic.

This is a bird's eye view chart of world history in which the author conceived the theory that "The Very Base of World Peace Is a Permanent Manmade Currency".

In this chart, he put the political system on the vertical ax and economic system on the horizontal ax, putting "Gold Standard System" on its pole as a symbol of the pre-industrial society when people lived totally relying on natural products.

The Ist quadrant typically includes US and UK and nowadays Japan. The Union of Soviet Socialist Republics (USSR) immerged in the Ⅲrd quadrant in 1917 and came back to the Russian Federation in 1991, which now firmly stands in the Ist quadrant as one of the third biggest suppliers of oil and gas in the world under President Putin, whom Germany relies on her lifelines by importing natural gas through pipelines. And the People's Republic of China immerged in the Ⅲrd quadrant in 1949 and established foreign relations with The United States of America in 1979, and moved to the second quadrant in 1980's under the leadership by Deng Xiaoping. China now lives with private ownership and profit motives and stands as the second biggest

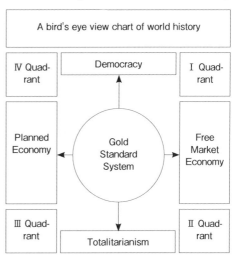

A bird's eye view chart of world history

economic superpower next to America in IInd quadrant.

It is the author's understanding that Nazi Germany emerged in the IInd quadrant in 1930's and it is the author's speculation that China is to come back to the 1st quadrant due to the economic pressures arising from President Trump's Giant Trade Deals in which Customs Policy will be sure to cause their due effects. His speculation stands firmly on the fact that political dictatorship by one party has no consistency with free market economic systems.

The rotation of Planet Earth produces incessant and unstoppable stream of history. It is an author's prayer for Almighty God to reveal and to lead human wisdom to bring World Peace and Prosperity on this Planet Earth after Covid-19 turmoil.

Thanks be to God!

August, 2020   Professor Innermoreland, from Uenohara, a Pastoral Town on river terrace in Yamanashi.

||||||||||||||||||||||||||||||||||||||||||||||||||||||||||||||||||||||||||||||||||||||||||||||||||||||||||||||||||||||||||||||||||||||||||||||||||||||||||||||||||||||

3.Who is Professor Innermoreland —An over view of Professor Innermoreland's working career

Professor Innermoreland, as shown in chapter 6 in this essay, began his career as an Industrial Economist with Toray Industries Inc. in 1959 and, after 33 years of services, moved to Teikyo University of Science and Technology, established in 1990 at Uenohara, Yamanashi, with which he was associated as a Professor with a background in Business, especially that of an Industrial Economist in 1992.

The author has been living all of his life as a forerunner to live under the 1947 Constitution of Japan, that declared the abandonment arms to settle international conflicts and to live in peace, advocating real voices of those who fought and survived in the Second World War on one hand, and, on the other hand, contemplating and analyzing the causes of World War and World Peace, the conclusions of which are outlined in chapter 1 of this essay.

4.Executive Summary of Each Chapter

Chapter 1 : The Identity of Japan on Planet Earth in the 21st Century is to be the Catalyst to Produce a Permanent Currency and to Live with USA & China in Peace in The Pacific Ocean Region!

The conclusion of his life-long study on the fundamental cause of two World Wars in the first half of the 20th century is attributable to the gold standard system as illustrated in Chapter 5, and the fundamental cause of World Peace in the second half of 20th century and thereafter is attributable to the manmade money system as illustrated in Chapter 4.

In his conclusion, he extends his philosophy of the Pacific Ocean Treaty and his expectations for three key nations to play a pivotal role in the framework of the treaty, giving reasons why America/China/Japan are well qualified to play such an important role in the Treaty.

Chapter2 : Mission, Passion and Actions of President Trump
- Part 1- Coming Back of China to the Han's Dynasty

Although Professor Innermoreland firmly believes his conclusion crystalized in chapter 1 is suitable, feasible and acceptable for everyone who lives on this Planet Earth, critiques immediately echo in his mind saying that it must be his fictions or his dreams at the most.

The author realizes his position and methods of analysis are concrete and comprehensive because he focuses and speculates upon President Trump's mission, passion and actions by directly referring to President Trump's all of twitter messages at the same time.

From this analysis, he produces two scenarios on the future course of US/ China Trade Deals. The first is a "business as usual scenario" to confront each other in leading the world economy into turmoil. The second is a "surprise free scenario" for the two economic giants to coexist and to cooperate within the framework of the Treaty cited in chapter 1.

Should the "surprise free scenario" happen so that China puts one trillion dollars on the table to negotiate the Treaty with the USA, a miracle is sure to emerge in 21st century of the Planet Earth.

The Trump administration is a real conservative government with the capacity to remove the reminders of the Cold War in the Far East following President Reagan's initiative that brought an end to the Cold War in Europe.

Chapter 3 : Mission, Passion and Actions of President Trump
– Part 2- Denuclearization of North Korea

Despite the fact that many political pundits and those in the mass media say without any exceptions that North Korea will never abandon nuclear weapons, Professor Innermoreland speculates that North Korea has no choice but to live with the scenario presented by President Trump in his 2019 June 12th twitter message, saying "There is no limit to what NoKo can achieve when it gives up its nuclear weapons and embraces commerce & engagement w/ the world. Chairman Kim has before him the opportunity to be remembered as the leader who ushered in a glorious new era of security & prosperity for his citizens!" The author considers the scenario presented here by President Trump as his "business as usual scenario" . The author's "surprise free scenario" will come about when Kim Jong Un rejects President Trump's scenario, cited above, Kim Jon Un can never escape from the same fate of Nicolae Ceausescu of Romania, a Dictator in modern world history.

Chapter 4 : Manmade Money Produced
the World Peace after 2nd World War

World peace in the second half of 20th Century and thereafter has been sustained under the international monetary system managed by IMF, of which the first step was a "Quasi-Manmade Money System", e.g. only US dollars were convertible to gold and other currencies were just pegged to US dollars. In 1971, the convertibility of US dollars to Gold was forcibly suspended and a very unstable and risky path began for international monetary and financial circles eventually leading to the current de facto dollar standard system, passing through several financial crises at the time, such as the Plaza Agreement in 1985, Black Monday in 1987, and the Leman Brothers Shock in 2008.

The foreign exchange reserve of China, which was only 35 billion dollars in 1990, posted skyrocketing increases to 3,880 billion dollars in 2013. The author verified this unbelievable increase from the fact that China established international relations with the US and introduced free market economic policies not only in international transactions but also in domestic transactions.

Chapter 5 : Gold Standard System Was The Cause of Two World Wars in The First Half of the 20th Century

In this chapter, the author attributed one more built-in factor in the cause of war inherent to the gold standard system, i.e. the economic force to realize comparative advantages theorized by David Ricardo other than a limited supply of gold. Take two countries for example, the first, country A, that is automobile-rich and wine-poor, and the second, country B, that is wine-rich & automobile-poor. When these two countries come together in trade, trade balance will surely turn in favor of country A and gold reserve will move from country B to country A to pay off the trade deficit. When the gold reserve of country B continues to decrease, nobody can deny that international conflicts will emerge, which might develop into war.

Chapter 6 : I Am Professor Innermoreland & Long Live The Toray Industries Inc.

Chapter 6 is Who is Professor Innermoreland.

Professor Innermoreland, whose name is Fumio Tnaniguchi, was awarded the tremendous fortune by Toray Industries Inc. to be able to study twice in his 33 years of services. The first fortune was to study with the Japan Economic Research Institute from July 1963 to September 1965, an independent think tank like Conference Board in the USA, and the second fortune was to study with Herman Kahn's HUDSON INSTITUTE in Croton on Hudson in upper New York from September 1979 to August 1980. After coming back from the Hudson Institute to the Planning Department of Toray Industries, Inc. he was drafted in 1988 as a founding member of Toray Business Research Inc. and moved in 1992 to Teikyou University of Science and Technology. After 15 years of services with the University he now lives a slow life in a pastoral town on river terrace, with heartfelt thanks for everybody who is acquainted with him.

Chapter 7 : (Addendum) Corona Pandemic is a Dawn of The New World Coming after The Cold War

Covid-19 pandemic is the last phase of Cold War that the author parallels as 3rd World War.

The political paradigm of the NEW WORLD will be for China which grew up as superpower and which caused worldwide Covid-19 pandemic to transform peacefully into Han's Sovereign China that did not utilized compass and gunpowder they invented for their worldwide strategic expansion.

The economic paradigm of the NEW WORLD will be for major sovereign state including China to come together and to discuss to build plus sum world economic system for peace and prosperity based on permanent manmade money after ongoing emergency rescue policies by printing paper money for huge damages caused by Covid-19 pandemic.

5. POSTSCRIPT   1: Looking into The Post Cold War which is to be paralleled as the 3rd World War!

Professor Innermoreland learned that communism had been nothing but totalitarianism as such that Nazism had been when he was a freshman at Kyoto University in the social atmosphere that JAPAN and Nazis Germany was completely rejected on one hand and Soviet Russia was admired on the other hand because of its humanistic propaganda to save workers out of exploitation by capitalists, and learned later from Herman Kahn of Hudson Institute that communist regime had only been friendly with people at the time when they distributed wealth they deprived of Czar of Russia.

Communism was theorized by Karl Marx and Friedrich Engels to save industrial workers out of poverty and relentless working conditions in an early stage of industrialization in early 19th century when capitalism emerged in United Kingdom. And it was in 1917 when communist regime was established as USSR in Russia.

This communist regime fought the 2nd World War in alliance with United States and United Kingdom and defeated Nazi Germany. After the 2nd World War, USSR fought the Cold War in the last half of 20th Century against nations of democracy.

To parallel Cold War as the 3rd World War, the present situation of the Planet Earth with President Trump in its cockpit is coming into its final stage, in which Cold War in Europe had come to an end for Germany to rely her life line on Putin's Russian Federation on one hand, and, on the other hand, in Asia, Peoples Republic of China stands on the brink to transform itself into Han's Sovereign Dynasty that did not utilize compass and gunpowder for her worldwide strategic expansion, following her foot-steps to establish foreign relations with United States of America in 1978, to terminate 1950 Sino-Soviet Treaty in 1980 and introduction of market economy not only in international transactions but also in domestic transactions in the 1980's.

It's time for us Japanese to mind identities of Japan to survive in peace and prosperity in 21st Century with reflections on the path she went through in her modernization processes since 1860's.

January, 2020   Professor Innermoreland, from Uenohara,
                     a Pastoral Town on a river terrace in Yamanashi.

6. Postscript 2: A Surprise Free Scenario for China to Come Back to Han's Dynasty is Unchanged in Post Covid-19

World situation has been forced to change profoundly by Covid-19 pandemic outbreak in Wuhan, China. The author followed situations and added Chapter 7, titled "CORVID-19 Pandemic is a Dawn of New World Coming after Cold War" and confirmed his speculation that China will be to come back to Han's Dynasty and to move from IInd quandrant to I^{st} quandrant.

It was Nazi Germany that had grown up into big power in IInd quandrant and went into hot war. Now China has grown up into big power in the same quandrant as Nazi Germany did but has to transform itself and has to move peacefully from IInd quandrant to I^{st} quandrant in the future to come. This is the author's prayer for global peace, saying Thanks be to God once again!

August, 2020   Professor Innermoreland, from Uenohara,

a Pastoral Town on a river terrace in Yamanashi.

▶著者プロフィール

谷口文朗

1936年7月、京都の街中に生まれ、1944年7月、強制疎開で琵琶湖畔に転居。膳所高校から京都大学経済学部に進学。

全学部の新入生に4人の教授全員が『ソ連の経済学教科書』で教養課程の経済学を講義したマルクス経済学の全盛期に近代経済学とマックスウエーバーを『青山ゼミ』で学ぶ。

和製英語のペンネーム『インナー モアー ランド』は21世紀のプラネットアースへの筆者の祈り。

1959年4月1日、東レ株式会社滋賀工場に入社。インダストリアルエコノミスト生誕。

1960年4月1日、愛媛工場から本社に転勤の辞令を受け、以後、企画調査畑一筋に33年間勤務。

1964年7月、設立後間もない日本経済協議会（財界の調査機関）に出向。インダストリアルエコノミスト開眼。1979年9月、1年間、ハドソン研究所へ特命留学。

1985年7月、東レ経営研究所取締役・設立発起人・チーフエコノミスト就任。

1992年4月1日、山梨県上野原市に新設された帝京科学大学経営工学科に飛翔、教授就任、6年間学科長を拝命。70歳まで勤務。同大学名誉教授。

第2のふるさと上野原市に定住。谷口ウエノハラ研究室を主宰。

齢85歳にしてライフワークを執筆し、日本橋出版社に投稿、処女出版の幸運に感謝しつつ『YOUTH』をモットーに日々を送っている現役インダストリアルエコノミスト。

触媒という自然現象に嘘はないとの観点に軸足を置いて『試論—触媒国家史観—』を構想中。

新世界通貨『PEACE』を生み出す触媒国家論

2020 年 10 月 19 日　第 1 刷発行

著　者　谷口 文朗

発行者　日本橋出版

　　　　〒 103-0023　東京都中央区日本橋本町 2-3-15　共同ビル新本町 5 階

　　　　電話：03-6273-2638

　　　　URL：https://nihonbashi-pub.co.jp/

発売元　星雲社（共同出版社・流通責任出版社）

　　　　〒 102-0005　東京都文京区水道 1-3-30

　　　　電話：03-3868-3275

ⓒ Fumio Taniguchi Printed in Japan

ISBN978-4-434-27963-8　C1036